# FOTOS DO MUNDO PARANORMAL

KATIE HALL E JOHN PICKERING

# FOTOS DO MUNDO PARANORMAL

ENCONTROS COM ORBES, ANJOS E
MISTERIOSAS FORMAS DE LUZ

*Tradução*
DENISE DE C. ROCHA DELELA

Editora
Pensamento
SÃO PAULO

Título original: *Beyond Photograph*.

Copyright © 2006 Katie Hall & John Pickering.

Copyright das fotografias © 2006 Katie Hall & John Pickering

Publicado originalmente em 2006 na Inglaterra por O Books, uma divisão da John Hunt Publishing Ltd., The Bothey, Deershot Lodge, Park Lane, Ropley, Hants, SO24 0BE, UK.

Publicado mediante acordo com O Books/John Hunt Publishing Ltd.

Todos os direitos reservados. Nenhuma parte deste livro pode ser reproduzida ou usada de qualquer forma ou por qualquer meio, eletrônico ou mecânico, inclusive fotocópias, gravações ou sistema de armazenamento em banco de dados, sem permissão por escrito, exceto nos casos de trechos curtos citados em resenhas críticas ou artigos de revistas.

A Editora Pensamento-Cultrix Ltda. não se responsabiliza por eventuais mudanças ocorridas nos endereços convencionais ou eletrônicos citados neste livro.

Dados Internacionais de Catalogação na Publicação (CIP)
(Câmara Brasileira do Livro, SP, Brasil)

Hall, Katie
    Fotos do mundo paranormal : encontros com orbes, anjos e misteriosas formas de luz / Katie Hall e John Pickering ; tradução Denise de C. Rocha Delela. -- São Paulo : Pensamento, 2009.

Título original: Beyond photography.
Bibliografia.
ISBN 978-85-315-1592-7

1. Fotografia espírita I. Pickering, John. II. Título.

09-07421          CDD-133.92

Índices para catálogo sistemático:
1. Fotografia espírita 133.92

O primeiro número à esquerda indica a edição, ou reedição, desta obra. A primeira dezena à direita indica o ano em que esta edição, ou reedição, foi publicada.

Edição          Ano
1-2-3-4-5-6-7-8-9-10-11      09-10-11-12-13-14-15-16-17

Direitos de tradução para a língua portuguesa
adquiridos com exclusividade pela
EDITORA PENSAMENTO-CULTRIX LTDA.
Rua Dr. Mário Vicente, 368 — 04270-000 — São Paulo, SP
Fone: 2066-9000 — Fax: 2066-9008
E-mail: pensamento@cultrix.com.br
http://www.pensamento-cultrix.com.br
que se reserva a propriedade literária desta tradução.

# *Sumário*

Prefácio .................................................. 7
Capítulo 1. Iniciando com orbes ........................ 11
Capítulo 2. O surgimento de um fenômeno ............. 19
Capítulo 3. Luminosidades no jardim ................... 25
Capítulo 4. Luz e iluminação ........................... 33
Capítulo 5. Respostas negativas e pixels intrigantes ... 41
Capítulo 6. O que é científico e o que não é .......... 51
Capítulo 7. O avistamento das luzes ................... 57
Capítulo 8. Bolas de fogo e a teoria do plasma ....... 63
Capítulo 9. Orbes, sonhos e símbolos circulares ...... 71
Capítulo 10. Contatos imediatos com luminosidades .. 82
Capítulo 11. Fotografando fadas ....................... 93
Capítulo 12. As fadas e o gato na janela .............. 110
Capítulo 13. Sincronicidade ........................... 121
Capítulo 14. Luzes fantasmagóricas e o sobrenatural .. 127
Capítulo 15. Hastes de luz e sinais estelares ......... 136
Capítulo 16. Formas luminosas ........................ 146
Capítulo 17. O ser de luz .............................. 158
Capítulo 18. A questão do fenômeno ................... 169
Capítulo 19. A questão da consciência ................ 180
Capítulo 20. O círculo da vida ........................ 191
Capítulo 21. Ao infinito e além ....................... 199

Fotografando as luminosidades ........................ 210

Bibliografia e referências ............................. 213

# Agradecimentos

Gostaríamos de agradecer à nossa família e aos amigos pelo estímulo e apoio, especialmente a: Wendy e Dave, Annabel, George, Mike, Fran, Sam e Mabel pela sua cooperação como "caçadores de orbes"; e a Brian Sibley, pelas suas avaliações críticas. Os nossos agradecimentos também se estendem aos nossos editores, John Hunt e a O-Books, por toda a sua competência e auxílio. Também gostaríamos de agradecer a Tony Dodd e a todos aqueles que compartilharam as suas opiniões e experiências conosco acerca das suas jornadas por caminhos ocultos rumo a horizontes desconhecidos.

Por fim, gostaríamos de agradecer a todas as luminosidades e formas luminosas que nos visitaram, pois, sem as suas aparições e inspiração constantes, não poderíamos ter escrito este livro.

# *Prefácio*

Não sei quem você é, caro leitor, mas de uma coisa eu sei: você não pegou este livro por acaso. Não existe isso de acaso. Tampouco você está sozinho; mesmo que não haja ninguém à vista. Entremeado no nosso mundo familiar do dia a dia está o reino do invisível e do desconhecido. Como sei disso? Se você quiser saber, precisará se juntar a nós numa jornada a esse outro mundo.

Mas antes de começarmos a nossa aventura juntos, vou lhe dar uma pequena ideia de quem somos e para onde podemos ir nessa jornada.

Enquanto eu trabalhava no texto e nas imagens deste livro no computador, uma coisa bizarra aconteceu. O mouse começou a se mexer sozinho, abrindo pastas e arquivos e depois voltando a fechá-los! Reclinei-me na cadeira e esperei até que cessasse esse curioso fenômeno. Momentos depois, tudo voltou ao normal e o computador passou a ser meu novamente. Quatro anos antes teríamos achado esse tipo de atividade de fato muito estranho e perturbador. Mas agora, depois de três anos de experiência e investigação, passamos a aceitar esses acontecimentos fora do comum como sinônimos dos fenômenos extraordinários que são tema deste livro.

Desde o primeiro momento em que surgiram as misteriosas luminosidades, ficamos encantados; prisioneiros de um estranho e fascinante enigma.

Trata-se de um fenômeno que não só tivemos a felicidade de fotografar, mas às vezes também de ver, sentir e interagir.

Os acontecimentos que vamos relatar começaram de modo inofensivo, quando fotografamos os nossos primeiros "orbes". Ingênuos, pensamos a princípio que os orbes eram exclusividade nossa, mas logo descobrimos que eles eram fotografados por pessoas do mundo todo.

Contudo, este não é um livro apenas sobre orbes, embora de início possa parecer.

Como você verá mais adiante, o nosso fenômeno particular evoluiu dos orbes conhecidos para outra coisa, muito diferente e inesperada; algo que nos fez questionar a natureza da própria realidade.

Basta dizer que passamos os últimos dois anos e meio impressionados, perplexos e inspirados pelo que tivemos o privilégio de vivenciar e fotografar. E foi a necessidade de investigar e compreender tais fenômenos que nos levou a contar a nossa história. Antes disso, porém, à medida que empreendemos juntos essa jornada, é melhor que nos apresentemos brevemente e preparemos o cenário da história.

A minha parceira Katie é uma artista contemporânea e eu sou designer.

Como somos profissionais criativos, estamos acostumados a resolver problemas e a usar o nosso senso crítico. Como muitas pessoas, já tínhamos um certo interesse pelo desconhecido e, embora não sejamos cientistas ou parapsicólogos, ao longo dos últimos quatro anos tivemos que nos tornar, por necessidade, pesquisadores e investigadores do paranormal. Nesse contexto, usamos toda a experiência e técnicas disponíveis para pesquisar e investigar os fenômenos do modo mais racional possível, tentando manter um equilíbrio entre o deslumbramento e o ceticismo. Embora cada um de nós tenha, naturalmente, a sua própria visão espiritual, como muitas outras pessoas comuns e razoavelmente inteligentes, não temos nenhum preconceito religioso em particular. Também não temos nenhum interesse específico, como na Nova Era ou em coisa parecida.

No entanto, precisamos sublinhar aqui, para os leitores com alguma bagagem científica, que temos consciência de que esse livro não constitui um estudo científico nem oferece provas da existência de inteligências não humanas. Tratamos aqui da visão de uma pessoa comum sobre o extraordinário e, nesse sentido, fazemos o melhor possível com o conhecimento e as provas de que dispomos.

Quanto às fotografias, inicialmente clareamos e aprimoramos as imagens só para ver com mais clareza o que havia ali. Certamente não tínhamos intenção de reproduzi-las na época e por isso queremos nos desculpar pela falta de detalhes de algumas delas. Contudo, percebemos mais tarde que seria bom guardar os originais e tentar manter um equilíbrio entre o nível máximo de visibilidade do fenômeno e a qualidade da reprodução da imagem como um todo.

Ao escrever este livro, não só relatamos a nossa experiência pessoal como oferecemos, da maneira mais objetiva possível, um panorama sobre o assunto que inclui vários pontos de vista, inclusive aqueles que, pessoalmente, achamos menos plausíveis. No entanto, não nos é possível, como não seria para qualquer pessoa que tratasse desse assunto, ser realmente objetivos com relação às nossas próprias experiências. Toda experiência pessoal é, por natureza, percebida e relatada subjetivamente. Isso vale especialmente para as experiências de fenômenos extraordinários. Tudo o que esperamos é que os assuntos tratados neste livro ao menos provoquem no leitor o mesmo assombro e espírito de reflexão que provocaram em nós.

Katie e eu moramos numa ala de uma casa do século XIX, no interior da Inglaterra, chamada Brackenbeck, que foi um dia uma mansão rural com bosques e jardins panorâmicos. A certa altura da década de 1950, ela foi dividida em duas propriedades. Felizmente para nós, tanto os jardins quando os bosques permaneceram praticamente intactos; e Brackenbeck ainda mantém um encanto fora de moda que, de certa maneira, é eterno. Talvez isso se deva em parte à diversidade das árvores antigas e plantas dos jardins ou aos íons tonificantes do riacho de águas rápidas que serpenteia o terreno. Seja qual for a razão, Brackenbeck é, pelo menos para nós, um lugar especial.

Foi dentro dos limites dessa propriedade que ocorreu a maioria dos nossos experimentos com as misteriosas luminosidades.

Desde o início, a sincronicidade (coincidências significativas) tem sido uma parte integrante desse fenômeno em vários níveis e, no contexto das luminosidades que apareceram em nossas fotografias e monopolizaram a nossa atenção, é interessante notar que, por meio de uma cadeia de "coincidências", este livro foi publicado pela O Books. Se você pesquisar o site dessa editora na Internet, saberá que os interesses e objetivos dos editores são extraordinariamente pertinentes às nossas ideias e especulações sobre o simbolismo circular.

Em termos simbólicos, orbes, esferas e círculos têm sido usados, ao longo da história, como metáforas visuais do infinito, da perfeição e da eternidade. Eles são frequentemente um símbolo de Deus e, na arte religiosa, o círculo é apresentado na forma de auréolas. Em termos psicológicos, o formato arredondado e simétrico do orbe, da esfera e do círculo representa e propicia uma sensação de relaxamento e paz interior. A própria Terra é uma esfera e, dentro dos seus limites, cada um de nós vive a sua roda da vida. Esse simbolismo é muito importante para os fenômenos aqui descritos, e logo se tornou evidente que o objeto das nossas fotografias tem uma universalidade que toca a psique humana.

Qualquer que seja a nossa crença espiritual e independentemente do quanto pensemos saber a respeito, sempre existe algo, em algum lugar, esperando para virar a nossa realidade de ponta-cabeça e acrescentar mais um mistério ao mundo que julgávamos conhecido.

Nas páginas a seguir, oferecemos a você um relato das nossas experiências, as nossas fotografias originais e as especulações e descobertas acerca de estranhos e misteriosos fenômenos que, na nossa opinião, merecem ser estudados em muitos níveis.

Esperamos que este livro possa inspirar alguns leitores a explorar esse fenômeno por si mesmos. Se você tem uma câmera digital, recomendamos que verifique as imagens que já conseguiu em busca de possíveis luminosidades. Depois compare-as com as fotografias apresentadas neste livro. Talvez você veja algo diferente, que não tinha visto antes.

Se esta obra aguçar o seu interesse por fenômenos paranormais, esperamos que se sinta inspirado a tentar fotografar você mesmo as luminosidades. Você pode ter uma surpresa – coloque as suas ideias em prática e muita coisa pode acontecer!

Mas fique atento. A busca por orbes e luminosidades tanto pode ser intrigante quanto exasperadora. Além de uma boa câmera digital, existem três atributos básicos que qualquer bom "caçador de orbes" precisa ter no seu kit de ferramentas mental: senso de encantamento, bom-senso e, quando tudo mais falhar, senso de humor.

Que os orbes e as formas luminosas estejam com você!
Katie Hall e John Pickering

# CAPÍTULO 1

# *Iniciando com orbes*

"Espectro: a: Faixa completa de radiação eletromagnética ordenada em função da frequência ou do comprimento de onda. b: Faixa completa de cores resultantes da decomposição da luz."
Readers Digest Universal Dictionary

Imagens incríveis e inexplicáveis! Fantásticos lampejos de luz, de natureza desconhecida! Esferas cintilantes! Orbes extraordinários! Luminosidades nas lentes! Pessoas do mundo todo estão fotografando algo estranho, que está acontecendo na velocidade da luz. Algo que, no exato momento em que você lê estas páginas, está acontecendo à sua volta.

A luz que ilumina esta página faz parte do espectro eletromagnético que permeia e envolve todos os seres vivos do nosso planeta. O espectro eletromagnético abrange desde o menor comprimento de onda (raios gama) até o maior (ondas de rádio). O comprimento de onda da luz é medido em Angstroms, micrometros, centímetros e metros. Se vo-

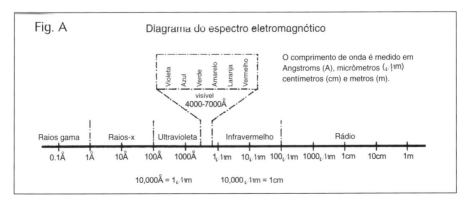

cê reduzir o espectro eletromagnético a um diagrama esquemático de 157 milímetros e dividi-lo em faixas – raios gama, raios-x, ultravioleta, infravermelho e ondas de rádio –, o espectro visual (tudo o que é visível aos nossos olhos) representaria meros 5 milímetros nessa escala! (Fig. A)

Tudo o que o olho humano consegue ver está numa faixa do espectro eletromagnético com frequências de 4000 a 7000 Angstroms, entre o ultravioleta e o infravermelho. Embora só represente uma pequena parte do espectro eletromagnético, a luz é indispensável à vida. No nível biológico, é a luz que estimula a fotossíntese das plantas, fazendo o oxigênio dispensador de vida ser liberado na atmosfera. Sem luz nós nem estaríamos neste planeta. No Gênesis, as primeiras palavras de Deus foram "Que se faça a luz". E, desde então, a luz nutre e sustenta a alma humana, física e espiritualmente.

A luz é vista universalmente como um símbolo da iluminação espiritual. No Judaísmo, no Cristianismo e no Islamismo, em particular, a luz é muitas vezes usada como uma metáfora de Deus, da verdade, da virtude e da espiritualidade. A luz brilha de muitas formas ao redor do mundo; a luz da vida, a luz do amor, a luz da razão e, embora sejam muitas as lâmpadas, a luz é única e uma só. Para o fotógrafo e o artista, ela é tanto inspiração quanto um modo de expressão.

Foi quando passeávamos num dia de folga, na condição de fotógrafos amadores, que encontramos pela primeira vez o extraordinário fenômeno da luz, tema deste livro. Seduzidos pelo fascinante enigma das misteriosas luminosidades, logo nos descobrimos numa jornada rumo ao desconhecido.

Como a maioria das jornadas, ela começou num território familiar, no dia em que tiramos a nossa primeira fotografia de um orbe. Mas vamos começar do começo. O que é um orbe?

Para aqueles que não estão familiarizados com o termo ou acham que "orbe" é só uma parte das insígnias reais de um monarca, vale mencionar que os orbes, assim como os relâmpagos globulares e as luzes telúricas, pertencem à categoria extremamente controversa dos fenômenos de luz anômalos. Alguns diriam até que se trata de fenômenos sobrenaturais.

Há alguns anos, pessoas do mundo todo fotografam estranhas esferas, discos e bolas de luz, um fenômeno mais conhecido como orbes.

Nada disso era do nosso conhecimento três anos atrás, quando tiramos a nossa primeira foto de um orbe, embora há milhares de anos as pessoas relatem a aparição de estranhas e misteriosas luzes de todos os tipos. Desde a invenção da fotografia, estranhas luzes anômalas aparecem em impressões e negativos. Segundo se descobriu posteriormente, algumas dessas imagens intrigantes eram efeitos naturais de luz ou até mesmo fraudes, mas muitas delas simplesmente não podiam ser explicadas em termos comuns.

Aqueles que consideram essas anomalias fotográficas autênticas provas de fenômenos paranormais geralmente as classificam como orbes, vapores, vórtices ou aparições. Os orbes, particularmente, têm sido fotografados por pessoas do mundo inteiro, com todos os tipos de câmera, mas ocorrem com mais frequência em imagens digitais.

Para nos atermos aos propósitos deste livro e evitar que o leitor se confunda com a terminologia, usaremos os termos orbes, vórtice e esferas como sinônimos do que é coletivamente definido como "luminosidades". E embora ainda precisemos usar em certos contextos todos os quatro termos descritivos, temos razões para acreditar que todos eles consistem basicamente no mesmo fenômeno, algo que se tornará evidente. Os orbes são a forma mais recorrente de luminosidade fotografável, mas é interessante notar que, desde a invenção e a proliferação das câmeras digitais, a ocorrência de esferas, discos e outras anomalias fotográficas similares a orbes tem aumentado, e não o contrário. Isso parece bem estranho, pois o lógico seria que, com um número maior de câmeras tecnologicamente sofisticadas, acontecesse justamente o inverso. O fato, contudo, é que a maioria dos orbes é capturada pelas câmeras digitais e *camcorders*.

Desconsiderando a possibilidade de uma eclosão em massa do mesmo defeito de processamento digital em todas as câmeras já fabricadas, que causasse os mesmos efeitos nas mais variadas condições, é razoável que pensemos na possibilidade de que as imagens dos orbes capturadas por uma ampla variedade de pessoas possam, de fato, ser um fenômeno real que mereça ser investigado com a mente aberta.

Naturalmente, essas imagens atraíram tanto o interesse quanto o ceticismo das pessoas. Como os círculos nas plantações, os orbes têm o seu clube de crentes convictos e de céticos ferrenhos. Na prática, uma porcentagem dos efeitos órbicos deve-se, sem dúvida alguma, ao *flare* das lentes (luz causada por um reflexo interno nas lentes) ou ao reflexo do flash. No entanto, qualquer pessoa seriamente interessada nesse fenômeno não deveria se deixar levar por "caçadores de charlatões", que dão essas explicações como se fossem conclusivas. Como descobrimos, isso decididamente não corresponde aos fatos.

Em janeiro de 2002, finalmente compramos a nossa primeira câmera digital, uma Umax 800 pixel. Ficamos com ela por dois anos e durante esse tempo nos divertimos muito.

Nunca, em momento algum, tiramos uma foto de algo que lembrasse um orbe ou qualquer tipo de luminosidade ou efeito de luz de que tratamos neste livro. Nessa época não tínhamos experiência ou interesse em orbes. Mas então tivemos de achar outra câmera e compramos uma Olympus C200, com 2.1 Megapixels e zoom ótico de 3 vezes.

Logo estávamos nos divertindo em todos os lugares com o novo brinquedo e usando a câmera com regularidade para tirar fotos de referência das pinturas de Katie e todo tipo de foto. No final de março, já tínhamos ultrapassado sem dificuldade a marca das trezentas fotos, nas mais variadas condições de luz, tanto ao ar livre quanto em ambientes fechados. Convém sublinhar aqui que, dessa vez também, não capturamos absolutamente nenhuma imagem de orbes ou de qualquer tipo de luminosidade em nossas fotografias. É bom ter isso em mente, pois de uma hora para outra tudo mudou.

Numa tarde ensolarada em meados de abril de 2002, enquanto caminhávamos entre as fileiras de árvores antigas de um bosque margeado por um riacho, tiramos algumas fotos de uma ou duas árvores mais interessantes para referência. (Foto 1) Ao ampliarmos as imagens, percebemos que numa das fotos aparecia uma estranha luz colorida. Flutuando no meio do tronco de uma grande árvore havia algo parecido com um ponto de luz azul e rosa que certamente não estava visível no visor da câmera quando Katie tirou a foto.

A estranha bola de luz parecia transparente, tinha cores semelhantes a uma labareda de gás e uma estrutura que lembrava um globo de plasma do tamanho de uma bola de boliche. Além dela, também havia outra luz branca menor, um pouco mais abaixo. Ficamos curiosos para saber se esses efeitos poderiam, de algum modo, ter sido provocados pelo ricochete da luz nas lentes.

Nós dois já tínhamos usado lentes SLR e conhecíamos o *flare* das lentes, mas essa explicação parecia improvável, pois a luz do sol não tinha brilhado intensamente ao longo do caminho. Provavelmente teríamos apenas apagado essa imagem estranha, como uma foto anômala, e deixado por isso mesmo, caso não tivesse acontecido coisa semelhante no final de semana seguinte.

Na sexta-feira subsequente, depois do jantar, tirei algumas fotos de Katie perto da lareira, num vestido cor-de-rosa que ela comprara pouco

tempo antes. Durante essa semana tínhamos tirado algumas fotos com flash e sem ele. Não capturamos a imagem de uma única "bola de luz" nessas fotos. Por isso, não pensamos mais no assunto até o sábado de manhã, quando contemplamos as fotos da noite anterior. Havia no carpete, bem em frente à Katie, uma estranha bolinha de luz.

Nós dois nos lembramos instantaneamente da bola de luz na árvore. A diferença é que essa era pequena e quase totalmente branca. Poderia se tratar da mesma coisa? Será que a nossa máquina não estava funcionando bem? Estimulados pela curiosidade, tiramos mais algumas fotos na sala de estar só para ver se o mesmo efeito de bola de luz aparecia novamente. E para a nossa surpresa, ela apareceu, embora não no momento da foto, mas quando descarregamos as imagens no computador. As estranhas bolas de luz aparentemente não eram visíveis ao olho humano. Pelo menos não eram a princípio. Durante as semanas seguintes, descobrimos que pelo menos em um quarto das fotos havia bolas de luz, ou esferas, como começamos a chamá-las.

Além de muito interessante, isso era intrigante também, pois, embora tivéssemos tirado fotos em todos os lugares, dentro e fora de casa, só conseguíamos capturar as "esferas" na sala de estar! Era muito esquisito. À medida que o tempo passava, também notamos que os orbes pareciam surgir com mais frequência quando havia pessoas por perto. Uma das últimas fotos (Foto 3) mostra Sam acompanhado dos orbes. Veja se você consegue perceber um fator importante nessa fotografia. Voltaremos a ela mais tarde, no Capítulo 5.

As aparições davam a impressão de não seguir nenhum padrão; às vezes as esferas apareciam, às vezes não. Também não parecia haver nenhuma razão tecnológica óbvia para que elas estivessem em algumas fotos e não em outras – fotos que muitas vezes tinham sido tiradas nos mesmos lugares, com as câmeras ajustadas da mesma maneira e com as mesmas condições de luz! Um completo mistério!

Seria aquilo algo exclusivamente nosso ou relacionado à casa? Depois de alguns meses, já tínhamos acumulado um grande número de imagens de pequenas bolas de luz, mas ainda não tínhamos nenhuma explicação real para o que eram e por que tinham aparecido.

Depois de muita conversa, decidimos mostrar algumas fotografias das esferas de luz para um grande amigo em quem confiávamos e que já fora fotógrafo profissional. Dave estudou em silêncio as imagens na tela do computador. Aguardamos, cheios de apreensão, esperando que ele dissesse algo como "Comprem uma câmera nova", mas não foi o que ele disse. Tomando outro gole de chá, ele comentou, "Para mim parecem orbes".

Katie e eu nos entreolhamos. Orbes?

Embora o termo parecesse vagamente familiar, naquela época não fazíamos ideia do que fossem orbes. Mas nos pareceu interessante. Pedimos que ele dissesse mais alguma coisa a respeito. À medida que Dave nos explicava tudo sobre o fenômeno dos orbes, começamos a perceber que essas estranhas bolas de luz não eram, afinal de contas, exclusividade nossa. Pessoas do mundo inteiro estavam fotografando orbes. Havia até uma proliferação de sites para pessoas que se interessavam pelo assunto.

Aquilo nos deixou com a sensação de que estávamos meio fora de sintonia. Ficáramos tão ocupados em fotografar o nosso fenômeno que nem tínhamos pensado em olhar na Internet. Sem dúvida provou ser verdadeiro o velho provérbio de que "não há nada de novo sob o sol". Também parecia uma indicação de que, bem na frente da nossa câmera digital, havia algo estranho acontecendo. Mas o que exatamente? Determinados a tentar entender o que estávamos fotografando, começamos a reunir o máximo de informações possíveis sobre orbes e qualquer fenômeno a eles relacionado. Algumas semanas depois já havíamos consultado a maioria dos sites e, embora tivéssemos uma boa ideia do que era o fenômeno, precisávamos admitir que as explicações não pareciam muito consistentes.

Misteriosamente, os nossos orbes, termo pelo qual passamos a chamá-los, assim como todo mundo, continuavam a aparecer apenas num cômodo! Aquilo não fazia sentido.

Já tínhamos considerado todas as causas possíveis, como umidade, poeira, *flare* nas lentes ou reflexo do flash. Contudo, na verdade, nenhum desses fatores explicava o que estávamos fotografando. Nessa época ainda estávamos estudando o fenômeno – bem abaixo dos nossos narizes, por assim dizer – e a cada semana parecíamos ter mais sobre o que pensar. Não percebemos isso na época, mas tínhamos sido fisgados!

Nenhum de nós tinha preconceito com relação a nenhum caminho espiritual; como quase todas as pessoas, usávamos a nossa experiência e conhecimento acumulado para tirar conclusões acerca da maioria das coisas. Nenhum de nós era seguidor de uma religião ou movimento da Nova Era, embora acreditássemos em muitos ramos da experiência espiritual, uma vez que tinham raízes comuns. Temos, acredito eu, um ponto de vista totalmente imparcial com relação aos assuntos filosóficos e espirituais. Nos anos anteriores, eu tinha me inteirado vagamente sobre o interesse renovado pelo paranormal. Os céticos o atribuíam, em seus ensaios, a todos os exageros que cercavam o advento do Novo Milênio. Mas a verdade é que muitas pessoas, provavelmente mais do que podemos perceber, vivenciam o que podem ser considerados, em termos da nossa prosaica vida diária, acontecimentos absolutamente extraordinários. Uma grande porcentagem deles, como descobriríamos mais tarde, é um fenômeno estranho no espectro visual, uma área que inclui orbes e outras formas de luminosidade, como luzes fantasmagóricas e Óvnis.

Algumas pessoas, embora aceitem que esses fenômenos estranhos e inexplicáveis de fato acontecem, simplesmente não querem ir mais a fundo. E algumas se sentem incomodadas até com a ideia de que a realidade pode ser bem diferente da que elas conhecem. Elas simplesmente não querem saber do assunto. Possivelmente porque ele contrarie as crenças que já têm. Então, é claro, existem alguns sujeitos que já nascem céticos, sem nenhuma propensão para acreditar em nada que não vejam nem vivenciem fisicamente. E também existem aqueles que, por várias razões, insistem em negar o que sabem ser verdade.

Para algumas pessoas, no entanto, o fato de que anomalias extraordinárias e fenômenos paranormais de fato acontecem é uma indicação de que a realidade diária que conhecemos tão bem não é a única que existe. Há muito mais a descobrir.

E foi o que aconteceu conosco; mas a aparição dos orbes foi só o começo da nossa jornada de descobertas!

**Ângulos críticos**

Pergunta: O fato de o fenômeno dos orbes ser fotografado no mundo inteiro, com as mais variadas câmeras fotográficas, é uma indicação de que esse fenômeno não resulta de condições locais ou peculiares ao funcionamento da câmera?

Resposta: É.

Pergunta: O fato de que, durante um período, só conseguimos fotografar os orbes num cômodo específico da casa pode resultar do mau funcionamento da câmera?

Resposta: Não.

CAPÍTULO 2

# *O surgimento de um fenômeno*

"Luminosidade: Condição ou qualidade do que é luminoso (...) Atributo de um objeto ou de uma cor que permite a observação da extensão pela qual esse objeto ou cor emite luz."
Readers Digest Universal Dictionary

Só como flor o ser humano é honrado sobre a terra...
Minha canção abre as suas pétalas: contempla essa miríade de flores...
Antiga canção asteca

Por volta de 2003, tornou-se óbvio que, onde quer que estivessem, não havia dúvida de que tínhamos orbes na residência de Brackenbeck. Porém, no mundo mais amplo, além do nosso pequeno refúgio, a realidade que conhecíamos estava mudando, em muitos níveis e, em diversos casos, para pior.

Políticos do Novo Milênio agora pareciam agir mais como gerentes em busca de incentivos comerciais do que líderes zelosos trabalhando pelo bem da humanidade. O abismo entre ricos e pobres estava cada vez mais profundo. Uma porção cada vez maior de uma mídia *junk food* inundava diariamente as estações de TV – e até os pensadores mais conservadores tinham começado a suspeitar de que o embotamento da sociedade estava afinal acontecendo.

Em meio a toda publicidade pró-aquisitiva, à pletora de realidade ilusória das celebridades de TV e à produção aparentemente interminável de novas gerações de bens de consumo *hi-tech*, muitos sentiam um vácuo espiritual no próprio âmago da nossa cultura. Os exageros e manobras políticas desviavam os olhos do público do desmoronamento dos alicerces morais e sociais. Como um esparadrapo sobre uma úlcera, isso apenas encobria o fato de que ninguém estava lidando de verdade com o problema real. Mas a maioria das pessoas estava ocupada demais para pensar muito sobre esse fato. Dizem que o comportamento de qualquer sociedade depende da visão coletiva que ela tem de si mesma. Não importa o que protestassem na mídia, tanto os líderes ocidentais quanto os orientais pareciam exibir o mesmo tipo de defensiva agressiva, causada pelo medo do desconhecido; ou, quem sabe, pelo medo do que sabiam acerca de si mesmos? De qualquer maneira, decisões tomadas com base no medo nunca levam à segurança.

Felizmente, em Brackenbeck, não éramos diretamente afetados pelo rosário dos políticos nas ondas de rádio e TV nem pelas atividades diabólicas dos fanáticos terroristas. No entanto, só precisávamos dar uma olhada na história para ver que o estado lunático é uma consequência natural de qualquer convicção fundamentalista.

Em meio ao sentimento geral de medo e incerteza da época, nós, em nosso cantinho do mundo, por alguma razão desconhecida, cultivávamos um sentimento positivo de expectativa, como se esperássemos alguma coisa boa, embora sem ter ideia do que fosse.

Continuamos a fotografar os orbes com alegria e regularidade, no entanto, ainda completamente intrigados; em nenhum outro lugar da casa ou do jardim, a não ser na sala de estar, eles apareciam!

Uma das fotos típicas que tiramos na época foi a que me mostra observando três orbes perto do lustre. Gostaria de dizer que isso de fato aconteceu, mas não passa de uma ilusão, pois na verdade não vi orbe algum no momento em que a foto foi tirada. Eles só se revelaram depois, na imagem digital.

Quando começamos a fotografar os orbes, só um ou dois apareciam em cada foto, por isso ficávamos muito satisfeitos quando conseguíamos captar mais de dois numa única imagem. Uma noite, Katie tirou uma foto de dois bichos de pelúcia sobre o sofá para mandar para as crianças. Um pequeno agrupamento de orbes decidiu também aparecer na foto.

Como já mencionei, os orbes são as formas fotografadas mais frequentes do que os estudiosos do paranormal consideram as quatro manifestações fotográficas básicas de fenômenos psíquicos. As outras três são os vórtices, os vapores e as aparições. Os orbes costumam parecer mais claros do que o fundo da foto e apresentar uma variedade de cores. Muitos mostram uma estrutura em forma de disco facetado, algumas esferas esbranquiçadas com estrias azuis ou rosa. Também já tivemos, ocasionalmente, orbes numa tonalidade laranja brilhante.

Naquela altura, já estávamos ficando bem conhecidos entre os amigos e familiares, por causa do nosso estranho passatempo de fotografar orbes. Num fim de semana em que o irmão de Katie, Sam, estava hospedado em casa, convidamos a minha filha e o meu genro para uma refeição em família. Depois do jantar, a conversa passou a girar em torno de orbes e mostramos a eles algumas das nossas últimas fotos. Annabel expressou o desejo de tirar algumas fotos também aquela noite. Sam e George, nosso genro, um analista de computador e, como Sam, um completo cético com relação a fenômenos paranormais, propuseram um experimento. George trouxera sua câmera digital Canon novinha. Tivemos então a ideia de tirar fotos de cada um de nós na sala de estar para ver o que acontecia.

O primeiro pré-requisito foi remover qualquer objeto que pudesse refletir o flash, como o espelho que ficava sobre a lareira, que, na opinião deles, poderia ser a provável causa do fenômeno.

Como George era a pessoa com maior bagagem científica, deixamos a cargo dele todo o procedimento. Claro que não sabíamos se conseguiríamos ou não tirar fotos de orbes. Como os gatos, eles tinham vontade própria e tendiam a desaparecer de qualquer lugar justamente quando mais precisávamos deles. De qualquer maneira, para a satisfação de George e Sam, removemos diligentemente todas as causas dos reflexos. O cômodo agora estava pronto para que os orbes – e nós – fôssemos colocados à prova.

Então tiramos algumas fotos a esmo, com as duas câmeras. Katie com a Olympus e George com a Canon. Descarregamos as da Olympus no computador, mas não fizemos o mesmo com as fotos da Canon, pois a entrada no nosso computador não era compatível com a câmera de George. A tecnologia da Idade da Pedra foi mencionada; a Olympus era dois anos mais velha do que a Canon, mas ignoramos solenemente tal fato. Dois anos, em termos de câmera digital, é o mesmo que duzentos anos em qualquer outra área.

Mas pudemos verificar as imagens da Canon na tela da câmera. Nenhum orbe! Para George e Sam, pelo menos, essa era a confirmação da teoria do espelho. No entanto, esperávamos provar que tínhamos razão, já que os orbes são coisas esquivas e fugidias. Então partimos para outra tentativa; desta vez George e eu tiramos as fotos. Depois da sexta foto na nossa Olympus, lá estavam eles!

A foto mostrava Katie e cerca de oito orbes. A maioria das fotos mostrava um ou dois orbes na sala de estar, por isso ficamos muito satisfeitos com a foto. George e Sam, no entanto, não ficaram tão satisfeitos assim, pois aquilo acabava com a teoria do espelho. Sem querer dar o braço a torcer, Sam comentou num tom amuado, "Tudo bem, então. Mas eu ficaria mais impressionado se conseguíssemos uma foto da sala cheia deles".

Embora não conseguíssemos mais nenhum orbe no restante das fotos, voltamos todos à sala de estar para mais uma sessão de fotos. O ceticismo de George e Sam tinha diminuído um pouco, mas ainda estava presente, acompanhado de um tom jocoso. Estávamos com uma disposição leve e bem-humorada. Na verdade, estávamos todos nos sentindo meio tolos na ocasião. Tiramos mais algumas fotos aleatórias com as duas câmeras. E dessa vez até George conseguiu algumas imagens. Porém, quando examinamos as imagens da nossa Olympus, todo mundo instantaneamente emudeceu. Uma das fotos mostrava a sala toda coberta de orbes. Era impressionante!

(Foto 7) O número de orbes dessa fotografia beira o inacreditável, especialmente se levarmos em conta o comentário de Sam, de que ficaria mais impressionado se visse a sala cheia de orbes. E foi exatamente isso o que aconteceu!

Era como se os orbes estivessem fazendo uma demonstração acima de qualquer suspeita! Katie, Sam e Bel ficaram assombrados e George mal podia acreditar no que via. Aquilo jamais acontecera antes e nunca mais voltou a acontecer. As luminosidades pareciam ter respondido diretamente a Sam. Ele ficou visivelmente chocado. A foto apareceu no momento certo!

A foto da sala cheia de orbes, logo depois do comentário de Sam, impressionou a todos.

No entanto, como é típico das nossas fugidias luminosidades, na imagem seguinte só apareceram três orbes minguados e depois mais nenhum. Nenhuma das fotos que tiramos posteriormente, naquela noite, com a Olympus ou a Canon, continha orbes.

Eles pareciam só ter vindo marcar a sua presença e depois partido. Contudo, para aplacar o ceticismo ainda presente de George, tentamos mais tarde recriar propositalmente o efeito, mas nada conseguimos. Usando ambas as câmeras, tiramos fotos com duplo flash, tanto com as luzes acesas quanto com elas apagadas. Em desespero, George e Sam até recolocaram o espelho de volta na parede e tentaram fazer com que o flash nele se refletisse, mas não conseguiram nenhum resultado que lembrasse um orbe. O experimento provou uma coisa: não conseguimos criar nenhum efeito genuíno de orbe usando os reflexos no espelho, quanto mais uma sala repleta de orbes! Mas ele certamente nos deu muito em que pensar. O que aconteceu naquela noite ou foi uma coincidência inacreditável ou indicou algum tipo de interação deliberada, direcionada especificamente às pessoas presentes naquela sala no momento. Caso a segunda opção estivesse correta, então as luminosidades tinham respondido de maneira emocionante e inequívoca. Sam e George tinham muito no que pensar e nós, é claro, estávamos contentíssimos. Até onde eu sei, ninguém mais tinha fotografado tantos orbes dentro de um cômodo numa única foto. A conta final somou mais de duzentos!

O que exatamente aconteceu é, evidentemente, uma questão em aberto.

Mas em termos do nosso fenômeno, o experimento provou não ser uma incidência isolada de uma resposta cheia de propósito por parte das luminosidades. Naquele contexto, ele indicou que as nossas misteriosas luminosidades tinham a habilidade de produzir respostas. E, se isso era verdade, o fenômeno parecia ser capaz de demonstrar outras qualidades que estavam muito além de imagens digitais estáticas de duas dimensões.

**Ângulos críticos:**

Pergunta: A aparição de orbes em fotografias num aposento onde a maior parte das superfícies refletoras foi retirada sugere que os orbes são o resultado de algum outro processo que não seja a reflexão?

Resposta: Sim.

Pergunta: O surgimento de orbes especificamente relacionados a uma observação verbal e aparentemente em resposta a ela sugere a possibilidade de que os orbes possam ser algo diferente das imagens de duas dimensões?

Resposta: Sim!

CAPÍTULO 3

# *Luminosidades no jardim*

E disse Deus, Haja luz. E houve luz. E viu Deus que a luz era boa;
e Deus separou a luz e as trevas.

Gênesis, 1:3-4

O conhecido é finito, o desconhecido é infinito:
intelectualmente, estamos numa ilhota em meio a um oceano
ilimitado de inexplicabilidade. A nossa função, a cada geração,
é reivindicar um pouco mais de terra.

T.H. Huxley, 1887

No final de 2003, já tínhamos acumulado pilhas de imagens de orbes, todas tiradas na sala de estar, mas ainda não tínhamos conseguido que eles aparecessem em qualquer outro lugar. Em meados de 2004, o clima repentinamente piorou. Começou a chover copiosamente. O rio da região transbordou e durante um dia inteiro ficamos isolados da cidade mais próxima. Felizmente, estávamos a alguns quilômetros do rio e Brackenbeck se situa num terreno elevado. Mesmo assim, o riacho que atravessava o terreno inundou o jardim. A água cobriu o caminho até a garagem e os gatos vieram se secar dentro de casa.

O dilúvio acabou numa terça-feira de fevereiro e, embora o solo estivesse encharcado, à tarde não choveu. Dois adultos e três gatos foram passear no jardim com a intenção de fotografar o riacho transbordante e qualquer outra coisa interessante. Depois de chapinhar na vegetação rasteira, tiramos algumas fotos do riacho em plena inundação. Quando descarregamos as imagens, ficamos surpresos e entusiasmados com o que

vimos. Pela primeira vez tínhamos fotografado orbes no jardim. A foto mostrava dois orbes flutuando sobre o riacho transbordante, em plena luz do dia.

Embora tenhamos tirado cinco ou seis fotos (todas sem flash), só conseguimos imagens de orbes numa delas. Apesar de a iluminação e a câmera serem as mesmas, nenhuma das outras fotos continha orbes, como fora a norma até então.

Mas o fato de conseguir uma foto já nos deu disposição para tentar a sorte outra vez; realmente, mais tarde conseguimos registrar mais orbes nas fotos do jardim – não o tempo todo, mas com frequência suficiente para ser estatisticamente interessante, em vista de, anteriormente, termos tirado várias fotos na propriedade sem conseguir coisa alguma. O que fez a diferença? Ainda não sabíamos, mas era algo em que se pensar. O único denominador comum parecia ser a aparição súbita de dois orbes sobre o riacho, assim como no início, quando começamos a tirar fotos dentro de casa sem conseguir registrar nenhum orbe, até que a primeira apareceu sobre o tapete, em frente a Katie. Qual era a correlação? Parecia muita coincidência, mas não pensamos muito a respeito na época.

Estávamos no meio da primavera e logo fotografamos orbes por todo o jardim. Era um passatempo intrigante, que fascinava Katie de maneira especial. À noite, principalmente, saíamos juntos para tentar a sorte. Geralmente íamos na companhia dos gatos, que talvez se perguntassem por que os seres humanos estavam agora perambulando pelos bosques quase todas as noites. E temos de admitir que, a princípio, isso tinha um quê de novidade, que tornou a caça aos orbes o nosso

passatempo vespertino favorito. Conseguimos registrar alguns orbes em meio aos arbustos. (Foto 9)

E sobre o riacho. (Foto 10)

E entre as árvores do bosque. (Foto 11)

Embora agora estivéssemos fotografando orbes por todo o jardim, eles costumavam a aparecer de maneira intermitente; só havia um lugar onde sempre apareciam com constância: num pequeno vale isolado próximo ao riacho. Nesse cantinho recluso havia um pequeno freixo em meio a um círculo de plantas antiquadas que incluía alcana e pulmonária, cujo nome popular é "soldados-e-marinheiros", por causa das suas flores vermelhas e azuis. Os antigos herbalistas usavam a pulmonária para combater problemas nos pulmões. Obviamente fora plantada ali intencionalmente havia muito tempo, e em março todo o círculo ficava coberto de narcisos amarelo-brilhante. Katie sempre chamava esse lugar de "Vale das Fadas", mesmo antes de os orbes começarem a aparecer. E ela sempre o achara um lugar especial. O fato de sempre fotografarmos orbes nesse local, mesmo quando eles não apareciam em nenhum outro lugar, pa-

recia confirmar essa suspeita. (Foto 12)

Uma noite, saímos na companhia dos gatos para tentar fotografá-los, quando Katie notou o nosso gato mais velho, Thomas, prestando atenção a algo invisível para nós. Seguindo os seus instintos, ela rapidamente tirou uma foto. O resultado foi uma foto mostrando o nosso gato e um orbe. (Foto 13)

Será que foi isso o que atraiu a atenção de Thomas?

Thomas já ultrapassara tranquilamente a avançada marca dos 18 anos quando escrevíamos este livro. Mas graças a ele, conseguimos pela primeira vez fotografar uma luminosidade e um gato juntos. Aquilo nos deixou curiosos para saber se os gatos realmente têm um sexto sentido, como dizem. E se têm, será que eles conseguiam ver orbes ou sentir o que quer que os causasse? Thomas sempre parecera capaz de ver coisas que não existem.

Mas conhecendo Thomas como conheço, sei que ele só fez isso para causar um impacto e manter os humanos de olhos bem abertos. Afinal de contas, os gatos realmente têm a reputação de serem misteriosos.

Mesmo assim, Katie fez bem em tirar a foto de Thomas e do orbe, pois os gatos, como as crianças, a menos que estejam dormindo, geralmente saem do alcance da câmera assim que pressionamos o disparador. E fotografar gatos fora de casa, à noite, pode muitas vezes resultar em orbes de diferentes tipos. Os olhos desses animais refletem com facilidade o flash e muitas vezes, ao contemplar as fotos, víamos, não orbes, mas dois holofotes do tamanho de pires nos encarando.

Ainda bem que isso não aconteceu na ocasião seguinte, algumas semanas depois, quando Katie tirou uma foto minha e de Oscar, o nosso gato amarelo, acompanhados de orbes ao fundo. (Foto 14)

Mas a nossa melhor foto de gatos até agora foi tirada algumas semanas depois. (Foto 15)

Nessa ocasião, Oscar quase parecia interagir com as luminosidades, como se soubesse ou sentisse que elas estavam lá. Infelizmente, os gatos não pareciam dispostos a dividir conosco, meros seres humanos, o que sabiam a respeito de orbes, por isso tivemos de nos esforçar para tentar dar sentido a tudo aquilo sem a ajuda de ninguém.

Algumas noites, os orbes davam a impressão de estar em todos os lugares do jardim, mas em seguida, sem nenhuma razão aparente, todas as fugidias luminosidades desapareciam e esse era o fim da nossa sessão de fotos. Algumas noites não conseguíamos fotografar nada, nem mesmo no Vale das Fadas. Não havia explicação, nem natural nem tecnológica, para o que estava acontecendo.

Contudo, à medida que fomos ganhando mais experiência na caça aos orbes ao ar livre, começamos a fazer um arquivo de fotos tiradas com a Olympus. Estávamos felizes com as imagens que estávamos conseguindo, mas, como frisou um fotógrafo amigo nosso, quando fôssemos verificar nossos resultados, deveríamos pelo menos usar outra câmera, para ter certeza de que os orbes que fotografávamos não se restringiam às fotos tiradas pela Olympus. Por isso decidimos procurar uma câmera de qualidade mediana, como a que a maioria das pessoas costuma comprar e usar. Acabamos comprando uma Pentax Optio 30 com 3,2 Megapixels e lentes de 5,8mm, com um zoom de capacidade três vezes maior. Passamos então a usar as duas câmeras quando tentávamos fotografar os orbes. Embora as fotografias deste livro sejam em preto e branco, os originais são coloridos.

Estas e outras fotos podem ser vistas no nosso website: www.lights2beyond.com.

**UM POUCO SOBRE A PRÁTICA DE FOTOGRAFAR ORBES**
Queremos frisar que nunca tínhamos usamos o zoom digital de nenhuma câmera, porque o zoom digital tende a piorar muito a imagem e nós queríamos as melhores imagens possíveis. Naturalmente, as fotos tiradas ao ar livre à noite variavam muito, conforme as condições de luz. Al-

gumas são obviamente melhores do que outras. Se a noite estivesse muito escura, tínhamos de clarear a imagem no computador para vê-la melhor, mas em geral tentávamos tirar fotos ao anoitecer, quando ainda havia um pouco de luz.

O ideal era que a noite estivesse escura o suficiente para que fosse possível ver as luminosidades, mas não tão escura a ponto de termos que clarear as fotos e perder os detalhes. Como regra geral, também evitávamos tirar fotos na chuva ou quando havia umidade ou neblina, pois nessas condições havia a possibilidade de que as gotas de água refletissem o flash e provocassem um efeito semelhante a orbes. Se compararmos imagens tiradas em dias de clima úmido com orbes de verdade, é possível observar uma grande diferença. Contudo, quando se fotografa ao ar livre, é aconselhável optar por condições que minimizem a possibilidade de que ocorram efeitos relacionados ao clima ou à atmosfera. O nosso conselho a todos que queiram empreender essa busca por orbes é para que visitem lugares em que eles são avistados com certa frequência, pois eles parecem ter preferência por certos pontos; contudo, convém tentar novos locais também.

Passamos a nos dedicar mais à fotografia de locais ao ar livre e praticamente deixamos de lado as fotos dentro de casa. Vale a pena mencionar que, desde que tínhamos começado a fotografar orbes no jardim, eles começaram a aparecer no resto da casa também e não só na sala de

estar. Enquanto fotografamos fora de casa, não parecia haver nenhum padrão específico que pudesse indicar a ocorrência de orbes. Com exceção da sala de estar, eles pareciam ocorrer com mais frequência nas proximidades de pessoas. Muitas vezes eu os fotografei perto de Katie. (Foto 16)

E em torno ou perto de amigos que nos visitavam. (Foto 17)

Como já mencionei, embora tirássemos fotos no jardim em diferentes horários do dia, preferíamos o crepúsculo e o amanhecer. Nesses horários às vezes também conseguíamos fotografar luminosidades flutuando na frente da casa. (Foto 18)

Se olhar de perto, você verá que próximo à casa também há uma ou duas formas estranhas no céu. Do que se trata não sabemos. Um amigo supôs ver os contornos de um rosto parecido com um alienígena do tipo cinzento, mas estávamos mais inclinados a acreditar que isso se deve à nossa tendência humana de identificar imagens reconhecíveis a partir de padrões aleatórios. Não que tenhamos algo contra a hipótese dos alienígenas de maneira geral. Não se trata disso. Acontece apenas que os alienígenas são às vezes usados como uma resposta demasiadamente conveniente para todo tipo de fenômeno estranho. Seria como dizer que se trata de uma obra de Deus! Não quero dizer com isso que os alienígenas não existam ou, caso existam, que não interajam com seres humanos terráqueos. Mas esse é outro departamento e existem muitos livros interessantes para quem quer saber mais sobre o assunto.

Quanto mais buscávamos respostas para os orbes, mais sentíamos que devíamos estudar o fenômeno num contexto mais holístico, em vez de automaticamente relacioná-los a fantasmas ou alienígenas. Para começar tínhamos de levar em consideração o fato de que algo que pode ser fotografado está, por um instante, mesmo que muito passageiro, presente no espectro visual. E tudo o que aparece no espectro visual tem que ser regido pelas leis da física para que possa existir. Parece razoável, portanto, presumir que o fato de as luminosidades serem um fenômeno fotografável deve revelar algo sobre a sua natureza. Será que isso poderia nos dar uma pista do que elas realmente eram?

## Ângulos críticos:

Pergunta: A aparição súbita de orbes e luminosidades no jardim, onde antes fora impossível fotografá-los em qualquer condição, sugere que o fenômeno estava respondendo a algum fator que não fossem as condições climáticas ou a tecnologia?

Resposta: Sim.

Pergunta: Se é possível que os gatos vejam luminosidades, como o comportamento deles indica, isso sugere que o fenômeno pode estar presente no espectro visual em alguma frequência detectável?

Resposta: Sim.

CAPÍTULO 4

# *Luz e iluminação*

"Luz s. radiação eletromagnética que torna as coisas visíveis".
Collins Pocket English Dictionary

Porei nas nuvens o meu arco; e ele será o sinal...
Gênesis, 9:13

Havia uma jovem chamada Bright,
Cuja velocidade era muito maior do que a da luz.
Saiu um dia de maneira relativa
E voltou para casa na noite anterior.

Arthur Buller

Como este livro trata principalmente do fenômeno insólito da luz, neste capítulo vamos estudar mais a fundo a sua natureza: o que é a luz e como ela se comporta.

Quando um raio de sol atravessa uma gota de chuva, ele se decompõe em todas as cores do arco-íris. Ao longo da história, os arco-íris têm sido usados como símbolos de sorte, fortuna e felicidade. Foi um arco-íris que inspirou o trabalho de Isaac Newton sobre a luz.

Embora Newton seja mais conhecido pela lei da gravidade, apresentada em sua obra *Principia* em 1687, outra grande obra científica de sua autoria foi *Optica*, publicada em 1704, com base nos experimentos que fez quando jovem para investigar a natureza da luz.

Os experimentos de Newton com prismas o levaram a descobrir que a luz branca é, na realidade, composta de uma variedade de raios coloridos – na verdade, de todas as cores do arco-íris. A ideia de Newton de que a luz não era pura, afinal de contas, encontrou forte oposição, principalmente entre os poetas românticos, que mais tarde condenaram Newton por retirar do universo o seu véu de mistério, afirmando que ele havia destruído a beleza do arco-íris com o seu prisma e reduzido o mundo meramente ao fato e à razão.

No entanto, o próprio Newton afirma, em sua *Optica*, que a própria cor é um mistério.

Por que certos objetos refletem determinadas cores e como esses raios afetam a capacidade do olho de perceber essas cores eram fatos inexplicáveis para Newton. Mas, em 1803, o físico inglês Thomas Young finalmente provou que a luz se comportava como uma onda, não como uma partícula. A demonstração simples, mas conclusiva de Young mudou a maneira como os cientistas encaravam a natureza da luz. Então, muito mais tarde, surgiu Albert Einstein com a ideia de que a luz contém fótons, contrariando a teoria de Young de que a luz se propagava em ondas. Até os dias de hoje continua o debate sobre se a luz é composta de partículas fotônicas ou ondas. Paradoxalmente, a luz pode ser vista das duas maneiras, dependendo das condições.

Ao longo dos anos, na tentativa de explicar esse problema, os cientistas apresentaram algumas ideias estranhas, como a noção de Einstein de que os fótons podem ser guiados pelo que ele chamava de "ondas fantasmas" ou a ideia dos físicos quânticos da lacuna matemática: "ondas de probabilidade". Contudo parece improvável que a ciência seja capaz de resolver o paradoxo da luz, antes que os cientistas entendam plenamente a natureza da gravidade, da eletricidade e do magnetismo. Serão eles próprios forças primárias ou subprodutos de forças fundamentais ainda não descobertas? Até agora ninguém sabe ao certo.

A dificuldade dos cientistas para definir a natureza e o comportamento da luz foi muito bem descrita por Werner Heisenberg, físico alemão do século XX. Ele reconheceu os grandes problemas conceituais que enfrentavam os físicos, cujas pesquisas os forçaram a pensar em categorias totalmente novas sobre a natureza da realidade. Werner descrevia a realidade como "algo que está entre a ideia de um acontecimento e o acontecimento propriamente dito..." O seu trabalho levou à formulação do que ficou conhecido como princípio da incerteza de Heisenberg, um conjunto de relações matemáticas que determina os limites pelos quais os conceitos clássicos podem ser aplicados ao fenômeno atômico. Na prática, define os limites da imaginação humana no mundo subatômico, no qual os cientistas não podem mais ser imparciais, objetivos ou observadores porque estão, na verdade, envolvidos no mundo que observam.

No mundo subatômico, os cientistas influenciam as propriedades dos objetos observados simplesmente pelo ato de observá-los e mensurá-los. Se você disser que essa afirmação tem um viés místico, você pode ter razão. O universo descrito pela física atômica moderna é um todo inseparável dinâmico em que o observador está sempre essencialmente incluído. Nessa realidade, os conceitos clássicos de espaço e tempo, de causa e efeito e de objetos isolados perdem totalmente o sentido. Isso acontece principalmente no domínio da física quântica, em que teorias científicas muitas vezes têm paralelo com a realidade descrita pelo misticismo oriental.

Apesar de anos de teorias complicadas e conceitos enigmáticos, não foi senão em 1963 que os cientistas foram capazes de definir o mecanismo pelo qual os nossos olhos e o nosso cérebro conseguem reconhecer as cores. Teorias inadequadas se alternavam desde a época de Newton até o ano em que a mesma descoberta decisiva foi feita, praticamente ao mesmo tempo, por vários cientistas de diferentes partes do mundo. Foi um daqueles estranhos acontecimentos sincrônicos (e examinaremos mais a fundo a sincronicidade no capítulo 13) que já tinha acontecido antes na história do progresso, quase como se tivesse chegado a hora exata de se fazer certa descoberta.

Basicamente, a história se resume ao seguinte: no olho humano existem três tipos diferentes de células visuais coloridas, cada uma delas com um pigmento visual diferente. Cada uma dessas células, chamadas cones, responde a uma faixa diferente do espectro de cores.

Cone A: azul-violeta profundo = comprimento de onda de 450 manômetros.
Cone B: verde-escuro = comprimento de onda de 525 manômetros.
Cone C: amarelo profundo = comprimento de onda de 555 manômetros.

Surpreendentemente, essa seleção natural de cones coloridos contradizia os conceitos anteriores de que os receptores de cores do olho seriam feitos do mesmo conjunto de cores básicas usado no aparelho de TV colorido – vermelho, verde e azul. Em vez disso, a natureza escolheu uma combinação da qual podem derivar todas as outras cores.

Mas ninguém sabe dizer muito bem por que, de todo o espectro eletromagnético, a natureza escolheu de 4000 a 7000 Angstroms, entre o ultravioleta e o infravermelho, para percebermos o movimento e a forma cromáticos. Será que isso se deve ao fato de as frequências mais elevadas proporcionarem uma definição melhor? Embora a luz ultravioleta tenha uma frequência mais alta que a luz visível e, na nanotecnologia principalmente, ela em geral ofereça uma definição melhor do que a luz visível, nas larguras de banda superiores ela põe em risco o nosso bem-estar.

Quando disse, "Que se faça a luz", Deus introduziu um princípio físico e espiritual que afeta a nossa vida em praticamente todos os níveis. Quando a luz entra pelo olho, em torno de 20% dela atravessam a retina para chegar ao cérebro. Ali ela afeta componentes vitais como a glândula pituitária, o hipotálamo e a glândula pineal. É possível que a luz visível e muito provavelmente o restante do espectro eletromagnético afetem a maior parte dos nossos processos vitais. Recentemente surgiram indicações de que a luz de fato afeta processos como a produção hormonal, o sistema nervoso autônomo e as respostas ao stress – ela pode ter até mesmo o poder de alterar a taxa do metabolismo e as funções reprodutivas.

A luz do sol não só possibilita a nossa experiência de vida e nos confere calor, como também ajuda no metabolismo da vitamina D, sem a qual teríamos deficiência de cálcio, além de ser um poderoso bactericida. Muitas frequências do espectro eletromagnético são agora usadas por nós, no dia a dia, nos processos de manufatura, comunicação e cura. O infravermelho, que pode ser transmitido através de objetos que bloqueiam a luz visível, não só é usado para visão noturna e comunicações sem fio, como também tem um efeito benéfico sobre a pele e os tecidos. A luz polarizada pode fortalecer o sistema imunológico, o raio-x pode detectar doenças, a luz ultravioleta é usada para irradiar tecidos e purificar o sangue. A SADS (Síndrome do Distúrbio Afetivo Sazonal) é causada pela falta de luz natural, e lâmpadas de espectro total (ou lâmpadas luz do dia) têm sido usadas com sucesso para tratá-la. Até a NASA usa iluminação de espectro total em suas aeronaves.

Os iogues indianos acreditam que o corpo tem chakras, sete discos rodopiantes de luzes coloridas que, curiosamente, são das mesmas cores do espectro. Isso parece corroborar a teoria de que a cor afeta os nossos sentimentos e atitudes. E talvez não devêssemos nos surpreender com o fato de que a ciência e o misticismo se complementam, uma vez que o nosso corpo reage aos campos de energia que nos compõem e nos envolvem. Não faz muito tempo, a ideia de que os seres vivos ressoam com o espectro de cores e são afetados pelas várias cores foi usada com resultados positivos pelos cromoterapeutas.

Algumas pessoas chegam a afirmar que conseguem ver auras: os campos invisíveis de energia etérica, astral, mental e causal que cercam o corpo humano. Embora as descrições variem, dependendo da perspectiva científica ou espiritual, hoje não resta muita dúvida de que todos os seres orgânicos irradiam campos de energia.

Se, por exemplo, apontássemos um radiotelescópio para uma pessoa, ele captaria emissões de rádio vindas desse indivíduo, assim como faria com uma estrela distante. Câmeras de calor latente também podem ser usadas para captar impressões térmicas de pessoas muito depois de elas terem saído de um cômodo. As pessoas que veem auras também são muitas vezes capazes de usar a sua habilidade para diagnosticar doenças. Embora a ideia de que as auras de fato existem não seja sustentada pela medicina ortodoxa, vale a pena ter em mente que num passado não muito distante qualquer coisa que não fossem sangrias ou o uso de sanguessugas também era visto com reprovação pelos doutores eruditos da época.

De maneira interessante, pesquisas científicas surgiram recentemente para confirmar o antigo conceito dos iogues e místicos de que o nosso corpo é feito de luz. Essas pesquisas têm descoberto que todos os organismos vivos, desde as células tissulares animais até as células de árvores e plantas, têm a capacidade de captar e emitir luz. Na prática isso significa que o corpo serve como um transmissor, que capta e envia raios de luz o tempo todo. E, embora esses raios de luz não possam ser vistos a olho nu, eles agora são mensurados por vários pesquisadores ao redor do mundo e conhecidos como biofótons.

A frequência dos biofótons é muito fraca, mas também muito importante. Armazenados nas células epidérmicas e nas moléculas do DNA, eles vão direto para o núcleo do nosso ser. No International Institute of Biophysics, na Alemanha, cientistas mostraram que os biofótons são um fenômeno presente em todos os sistemas orgânicos. Isso foi confirmado por outros pesquisadores do Japão e da Rússia. O mais interessante é que parece que as células doentes, como as células cancerosas, não têm a capacidade de armazenar biofótons, e há indicações de que podem ser até mesmo lesadas por eles. Portanto, antigos ensinamentos do Oriente sobre sermos "receptáculos de luz" ou exercícios espirituais milenares para "absorver luz" ou, ainda, a visão bíblica de que "vivemos na luz" podem, todos eles, ter paralelos no mundo da física!

Não é impressionante quantas coisas, antes consideradas pelos céticos, especialistas e cientistas como ilusórias ou não científicas, simplesmente porque derivavam de perspectivas místicas ou espirituais, mais tarde foram consideradas verdadeiras? Mas talvez a natureza da ortodoxia ao longo da história e em todas as áreas da nossa sociedade seja tentar nos convencer de que só ela tem todas as respostas, mesmo que às vezes nem sequer entenda sequer as perguntas.

Murray Cohen uma vez disse: "A Arca de Noé foi construída por amadores e o *Titanic* por especialistas. Não se fie em especialistas".

Uma breve reflexão sobre o que você mesmo pode ter vivenciado com autoridades, superiores ou qualquer forma de prática ortodoxa, seja ela na área médica, educacional ou científica, pode revelar a verdade implícita nesse comentário. E a própria luz, como vimos no nosso breve passeio "à la acelerador de fótons" pelo assunto, não é, de maneira nenhuma, uma questão bem definida e imutável. Mesmo em nosso conhecimento da luz ainda existem sombras de mistério. Ainda não sabemos com exatidão como somos capazes de perceber visualmente o mundo à nossa volta. A natureza exata da luz ainda é um enigma: se ela é uma onda, uma partícula ou ambas é uma questão aberta à discussão. Recentemente surgiram até controvérsias nos círculos científicos sobre a verdadeira velocidade da luz: uma das constantes fundamentais que os físicos e astrônomos precisam para tornar o universo relativo de Einstein absoluto.

Na escola sempre nos ensinaram como verdade absoluta que a luz viaja a uma velocidade constante de 300 mil quilômetros por segundo. Em todo lugar, o tempo todo!

Ensinaram-nos que a velocidade da luz é uma constante universal. Contudo, agora parece que a velocidade da luz pode não ser uma constante, afinal de contas. Isso mudou. O maior expoente dessa ideia é o cientista australiano Barry Setterfield, que coletou medidas feitas por 16 métodos diferentes, ao longo de trezentos anos. Essas medidas mostram que a velocidade da luz diminuiu desde a primeira observação registrada até o nivelamento ocorrido por volta de 1960. E, o que é ainda mais controverso: observações profundas do espaço realizadas recentemente indicam que alguns objetos distantes estão na verdade se movendo mais rápido do que a luz. Esses objetos são chamados de "superluminais" e, conforme observações, movimentam-se numa velocidade muito maior do que a velocidade da luz aceita atualmente. E o que isso significa? Bem, se a velocidade da luz na verdade não é uma constante, e só parece uma constante em certas circunstâncias, isso terá consequências devastadoras na astronomia e na cosmologia. Pois é com base na suposição de que a velocidade da luz é constante a 300 mil quilômetros por segundo que todas as distâncias interestelares são calculadas. Os astrônomos medem as distâncias em termos de parsecs, mais conhecidos como anos-luz. (Um ano-luz é simplesmente a distância percorrida por um raio de luz em um ano.) Essa medida é baseada apenas no fato de que a luz sempre viaja a 300 mil quilômetros por segundo, e portanto um ano-luz corresponde aproximadamente a dez trilhões de quilômetros.

Mas alguns anos-luz a mais ou a menos certamente não são um problema de fato – ou será que são?

São um problema, sim! Se a velocidade da luz não é constante a 300 mil quilômetros por segundo, isso afeta radicalmente a distância e a idade dos objetos astronômicos, o que, por sua vez, afeta a nossa visão da idade do universo, do nosso sistema solar; e, consequentemente, de todo o conceito de universo em expansão no qual a cosmologia atual se baseia. Opa! O que foi que Murray Cohen disse mesmo? Será que ainda estamos vendo a luz?

Houve um tempo, na Europa medieval, em que "especialistas" debatiam calorosamente quantos anjos caberiam na cabeça de um alfinete – hoje, seus colegas do século XXI estão discutindo, com uma bagagem de conhecimento muito maior, é claro, como o universo inteiro pode ter surgido de uma única explosão chamada big-bang. Essa explosão cósmica acidental de alguma coisa que, segundo a teoria, antes era nada, causou uma imensa explosão de luz que gerou toda a energia e matéria que compõem o universo hoje. Você, eu – tudo o que existe – começamos em algum ponto entre dez bilhões e vinte bilhões de anos atrás – sabemos disso (novamente de acordo com a teoria) porque o calor residual do inferno primevo causado pela explosão pode ser mensurado graças ao fato de a velocidade da luz ser uma constante universal de 300 mil quilômetros por segundo!

Mas, repetindo, será que isso de fato corresponde à realidade?

Quando Katie e eu investigamos a natureza da luz e o que ela pode significar, não só para entender melhor as nossas luminosidades mas para compreender melhor o universo à nossa volta, sentimos, como todos os investigadores amadores deste mundo, uma empolgação diante da impressão cada vez maior de que, talvez, apenas talvez, estivéssemos perto de descobrir alguma coisa. A luz, pela qual víamos e fotografávamos nosso fenômeno, era, em si mesma, maravilhosa e misteriosa; uma parte de todos nós de maneiras que só os antigos místicos descreveram. E todas as evidências indicavam que a Luz tinha um efeito tanto espiritual quanto físico sobre a humanidade.

Em nosso pequeno recanto do cosmos, enquanto bombardeávamos outra luminosidade com emissões de fótons do flash da nossa câmera, para que ela ficasse impressa em forma de imagem digital, tínhamos muito no que pensar. Olhar essas imagens tinha nos levado a olhar mais de perto a própria luz. E enquanto refletíamos sobre o nosso estranho fenômeno, fomos surpreendidos com a constatação de que toda fotografia, seja qual for o seu tema, consiste basicamente em fotografar a luz. Do ponto de vista fotográfico, ela é tanto um meio quanto um fim. E se os nossos corpos são de fato transceptores de luz, que captam e irradiam energia eletromagnética e biofótons, então tanto o fotógrafo quando o objeto fotografado estão conectados no mesmo nível por um processo dinâmico. Ambos são pequenos elementos capturados, talvez, numa dança universal de luz!

**Ângulos críticos:**

Pergunta: Se a ciência é incapaz de definir com precisão o que a gravidade, a eletricidade e o magnetismo de fato são, ela será capaz de definir a natureza da luz além de qualquer dúvida?

Resposta: Não.

CAPÍTULO 5

# *Respostas negativas e pixels intrigantes*

"Os experimentos nos informam de um fato paradoxal: o homem só pode ver "corretamente" por causa da sua imaginação. O olho humano, do ponto de vista óptico, é um artefato mal acabado (...) contudo o homem (...) nada percebe (...); o sistema nervoso corrige essas falhas de modo tão perfeito que percebemos uma imagem tecnicamente sem imperfeições do nosso ambiente".
*The Magic of the Senses,* Vitus B. Droscher

À medida que coletávamos mais imagens de luminosidades em Brackenbeck, percebíamos que tínhamos algo muito especial em termos de provas fotográficas. Mas, como é natural, qualquer pessoa que afirme ter fotografado algo estranho ou paranormal em geral atrai olhares de suspeita e uma bateria de perguntas sobre a possibilidade de as imagens serem um erro de identificação, truques de luz, charlatanismo ou falhas na câmera. Não há nada de errado com o ceticismo saudável, ele é uma parte importante do kit mental de ferramentas de qualquer pesquisador e, quando equilibrado por uma mente aberta e inquiridora, pode muitas vezes nos levar à verdade. O questionamento cético é importante em qualquer campo de estudo. O chamado "desenganador", no entanto, um cético que se empenha em desmascarar charlatães e ideias que na sua opinião não são científicas, é uma história bem diferente. Como é do conhecimento de qualquer pessoa envolvida em qualquer tipo de fenômeno paranormal ou extraordinário, sempre existe um desenganador profissional à espreita, pronto para atacar qualquer pessoa que estique a cabeça por cima do parapeito ortodoxo! Ao contrário do cético normal, o desenganador não tem a mente aberta. Ele geralmente já tem a cabeça feita, apesar de todas as evidências, e se vale de todos os meios possíveis para distorcer os fatos de modo que estejam de acordo com os seus próprios interesses, não importa quais sejam.

Neste capítulo vamos analisar algumas das explicações dadas geralmente por aqueles cujo interesse é desmascarar alegações de atividade paranormal, em especial no que concerne a estranhas imagens anômalas tais como orbes e luminosidades. Depois examinaremos algumas de nossas próprias fotografias para vermos o que elas podem nos dizer.

Desde o princípio, sempre tivemos a mente bem aberta quanto aos nossos fenômenos, desejosos de procurar explicações racionais, fossem normais ou paranormais. Mas antes de rever algumas dessas explicações corriqueiras para as luminosidades em fotos digitais, vamos investigar brevemente a fotografia em geral.

A fotografia foi inventada por um francês, Joseph N. Niepce, que conseguiu obter a primeira fotografia numa placa de metal em 1826. Ele e Louis Daguerre então desenvolveram o processo fotográfico em 1829 e, por volta de 1839, Daguerre produziu o primeiro daguerreótipo, uma impressão feita sobre uma placa metálica coberta com uma fina camada de prata e muito sensível à luz, e fixada por vapores de mercúrio. Esse foi o precursor de todos os processos fotográficos posteriores. Ao longo de quase dois séculos, ocorreu um avanço contínuo na produção de imagens fotográficas, com pessoas e empresas disputando a criação dos melhores equipamentos e processos. Mas com o advento do microchip, o mundo da fotografia mudou. Hoje, o que é, na verdade, uma tecnologia revolucionária, tornou-se um lugar-comum para a maioria de nós. As câmeras digitais dos dias de hoje, até mesmo os modelos de baixo custo, proporcionam imagens fotográficas de qualidade. E, como uma grande variedade de websites atesta, a maioria dos orbes é capturada por câmeras digitais.

As imagens fotográficas anômalas não são nenhuma novidade, é claro. Nos primeiros tempos, à medida que a fotografia ia se tornando mais popular e sofisticada, toda uma gama de imagens anômalas estranhas começou a aparecer numa amostra representativa de fotografias e negativos. Uma porcentagem devia-se, obviamente, à inexperiência dos candidatos a fotógrafo, mas algumas pareciam ser inexplicáveis em termos normais. Esses casos, naturalmente, causaram muitas controvérsias na época. No século passado, um dos mais famosos, ou infames, dependendo do ponto de vista, foi o caso das Fadas de Cottingley.

Em resumo, ele envolveu duas jovens primas, Elsie Wright e Frances Griffiths, que em 1917 supostamente fotografaram fadas em Cottingley Glen, perto de Bradford, na Inglaterra. Na época Elsie tinha 15 anos e Frances, 10. Foi sir Arthur Conan Doyle, o criador de Sherlock Holmes, que tornou o caso público, num artigo publicado em 1920 na edição de Natal da *Strand Magazine*. Por coincidência, Conan Doyle já tinha sido contratado pelo editor para escrever um artigo sobre fadas para a edição de Natal. Ele já estava trabalhando no artigo quando, em junho, viu pela primeira vez as fotos de Cottingley. Elas despertaram a atenção de sir Arthur e finalmente do público, graças a um teosofista chamado Edward Gardener.

Desde 1917, as fotos das meninas tinham ficado esquecidas numa gaveta, só vindo à luz três anos depois, quando a mãe de Elsie pediu que Gardener as examinasse. Desde o artigo da *Strand*, existem controvérsias sobre a autenticidade dessas fotos. Embora tenha defendido a sua autenticidade, por incrível que pareça Conan Doyle na verdade nunca chegou a conhecer as meninas pessoalmente. Muito estranho também é o fato de que ninguém tampouco pensou em examinar as fotos originais, contentando-se em verificar as cópias! Vale mencionar que nem Conan Doyle nem Edward Gardener eram pessoas imparciais, pois já acreditavam com convicção nos reinos dos espíritos da natureza. Aqueles mais imparciais alegavam que as tais fadas tinham penteados da moda e eram estranhamente parecidas com as imagens dos livros de contos de fadas da época. O debate continuou e as meninas mantiveram silêncio.

De 1941 até 1972, o próprio livro de Gardener, *The Cottingley Photographs and their Sequel* [As fotografias de Cottingley e seus resultados], teve muitas reedições. Mas, por volta de 1945, a Sociedade Teosófica, que originalmente havia defendido a autenticidade das fotos, foi se mostrando mais cética com relação às imagens. Pesquisas posteriores sobre as fotografias sugeriram que, embora Conan Doyle possa ter sido o criador de Sherlock Holmes, nesse caso ele não mostrou os mesmos poderes de detecção. Quatro das cinco imagens das fadas pareciam figuras de papel ou cartão recortadas. Para aqueles que não acreditavam em fadas, essas supostas fotografias de fadas tinham que ser falsas.

Contudo, apesar do ceticismo, nem Elsie nem Frances, que morreram nas últimas décadas do século XX, admitiram que as fotos fossem falsificadas. E, embora alguns afirmem que as meninas acabaram por admitir a farsa, uma leitura da transcrição de uma entrevista da BBC de âmbito nacional, datada de 1971, e a entrevista para a Yorkshire Television de Austin Mitchell, de setembro de 1976, revelam que não é esse o caso. No entanto, qualquer alusão a embuste era uma oportunidade que a grande maioria dos céticos agarrava com grande alegria.

Em sua última aparição na TV, em 1986, Frances manteve o que dissera antes, "Havia fadas em Cottingley". E de fato, ninguém ainda provou que as fotografias eram falsas.

O que aconteceu com as fotos? Bem, em março de 2001, Bonhams & Brooks, de Knightsbridge, ofereceu-as em leilão: "Toda a coleção de chapas fotográficas e negativos tirados pelo primeiro pesquisador de Cottingley, Edward Gardener".

Esse arquivo fotográfico de 84 anos de idade das famosas fadas de Cottingley, incluindo chapas nunca publicadas antes de Elsie e Frances e outros exemplos de fotografias de espíritos dos séculos XIX e XX, foi leiloado por 6 mil libras. Toda a coleção foi arrematada por um comprador anônimo. Mas se isso pode ou não esclarecer o caso de Cottingley, ninguém sabe ao certo!

Além de promover as fadas de Cottingley, sir Arthur Conan Doyle também defendia a causa do espiritualismo, que naquela época passou por um enorme avanço graças à arte da fotografia. A câmera proporcionou aos espiritualistas um fenômeno totalmente novo: a "fotografia de espíritos". Curiosamente, depois de sua morte em 1930, o próprio Conan Doyle tornou-se um tema frequente das fotografias de espíritos. No entanto, uma dessas fotos dá a impressão de ser um recorte virado ao contrário e colocado sobre um chumaço de algodão. Infelizmente, muitos outros exemplos populares de fotografias de espíritos posteriormente se revelaram falsas, criadas apenas para ludibriar os mais ingênuos. Na época, isso causou uma péssima publicidade para os pesquisadores autênticos do paranormal. Contudo, ao longo dos anos, muitas fotografias autênticas de estranhos fenômenos de luzes foram tiradas acidentalmente por pessoas comuns, sem qualquer crença em particular ou interesses pessoais.

Como já mencionei, aqueles que acreditam que tais fotografias de anomalias luminosas são manifestações de atividade paranormal geralmente as classificam da seguinte maneira: orbes, vapores, vórtices ou aparições, sendo os orbes provavelmente o fenômeno fotografado com mais frequência.

Os próprios orbes são relativamente recentes como fenômeno fotográfico, pois passaram a ocorrer com mais frequência depois da invenção da fotografia digital. Ao longo dos últimos anos, os orbes se tornaram muito populares e começaram a aparecer em artigos, livros e documentários sobre fenômenos paranormais. Na verdade, enquanto este livro estava sendo escrito, um programa de TV sobre capacidades parapsíquicas mencionou os orbes como um fenômeno comum. Uma amiga nossa também nos contou que os vizinhos dela haviam fotografado orbes pouco tempo antes, quando o seu filho pequeno disse que havia alguma coisa esquisita no quarto dele!

Como já enfatizamos anteriormente, é estranho que, mesmo com as câmeras de preço acessível e tecnologicamente sofisticadas que existem hoje, a ocorrência de esferas, discos e outras anomalias fotográficas semelhantes a orbes esteja na verdade aumentando.

Seria o caso de se pensar que ela diminuiria! Certamente, quanto melhor se torna a tecnologia fotográfica, menos provável a incidência de anomalias fotográficas. Mas será que a nova tecnologia está nos conferindo a capacidade de capturar coisas que sempre existiram, porém antes ou geralmente não eram fotografáveis?

Na realidade, parece que pessoas do mundo todo estão mesmo fotografando um fenômeno verdadeiro!

Inicialmente, os céticos sem dúvida irão considerar essa suposição incrivelmente ousada, mas, descontando a possibilidade ainda mais improvável de um defeito generalizado em todos os tipos de câmera digital, que outras causas não paranormais poderia haver?

Para nós, parece que existem duas áreas de probabilidade: causas naturais, como chuva, neblina, poeira, pingos de água, luz do sol, insetos ou causas técnicas, como erros digitais, bloqueios nos pixels, reflexo do flash e *flare* das lentes. Nós mesmos procuramos evitar fotografar orbes na chuva ou em condições de umidade, nevoeiro ou poeira, para minimizar a possibilidade de causas atmosféricas.

A explicação mais comum oferecida pelos céticos é a do *flare* nas lentes, causado pela luz direta do sol ou de outra fonte de luz forte batendo nas lentes. O *flare* de fato pode às vezes projetar a forma do diafragma da câmera abrindo e criar anéis de luz na fotografia. Alguns orbes podem de fato não ser mais do que os conhecidos círculos de luz provocados pelo *flare* nas lentes. Mas esse definitivamente não é o caso quando se trata da grande maioria de luminosidades que as pessoas têm fotografado.

Grande parte dos orbes, por exemplo, costuma ser fotografada dentro de ambientes fechados ou em condições de penumbra ou escuridão total, quando a luz do sol ou qualquer outra fonte de luz entrando nas lentes não é uma possibilidade válida. Uma pequena porcentagem de orbes indiscutivelmente não passa de reflexos do flash ou de *flare* nas lentes, mas tais efeitos são muito óbvios e essas imagens são prontamente descartadas pelos que têm um interesse sério pela fotografia de fenômenos. E, como mencionei anteriormente, erros digitais e anomalias no processo fotográfico parecem bastante improváveis se considerarmos a natureza universal do fenômeno.

Então como reconhecer um orbe ou luminosidade genuínos?

Bem, a maioria das pessoas saberá se estava chovendo ou não, ou se a luz do sol estava batendo nas lentes ou se estava em meio a uma nuvem de borrachudos, etc., caso tirem uma foto que depois apresente algo estranho. Se você é uma pessoa razoavelmente honesta e inteligente, é muito provável que saberá quando fotografou um orbe ou luminosidade verdadeiros.

Como regra geral, no entanto, os orbes, quando fotografados, geralmente assumem a forma de discos ou objetos esféricos, que na maioria das vezes parecem mais claros do que o fundo da foto. Luminosidades e anomalias esféricas tendem a ser principalmente brancas, não raro com matizes azuis ou rosa, enquanto muitos outros orbes parecem estruturas semelhantes a discos facetados que podem cobrir todas as cores do espectro. Até hoje, os orbes têm aparecido em qualquer número, de um a mais de duzentos numa única foto!

Vistos de relance, alguns orbes, como alguns que temos fotografado, parecem semelhantes à luz do sol refletida pelo *flare* nas lentes. Nós mesmos notamos essa ligeira semelhança em várias imagens, mas percebemos que a luz do sol não era uma causa viável porque essas mesmas imagens tinham sido tiradas ao anoitecer ou no escuro.

Os orbes aparecem várias vezes muito próximos a pessoas e nota-se que eles se aglomeram principalmente em áreas em que as emoções estão intensamente ativas. Alguns diriam que eles são atraídos para as pessoas que irradiam energia psíquica. Com o acesso à Internet e a troca de arquivos, a ocorrência generalizada de orbes intensificou no mundo todo o interesse pelo assunto.

Descontando as causas naturais e técnicas, os indícios fotográficos sugerem que algo extraordinário está acontecendo no mundo todo. Em busca de respostas para o nosso próprio fenômeno, já esgotamos todas as causas óbvias possíveis em ambientes fechados, como os reflexos. Temos uma cozinha grande com muitas superfícies e objetos reflexivos e mesmo assim nunca conseguimos tirar mais de duas fotos de orbes nesse local, embora ao longo dos anos tenhamos tirado pilhas de fotos de amigos e familiares ali, falando besteiras ou comendo com apetite. Se os orbes são meros efeitos de luz refletida, teríamos com certeza os fotografado na cozinha. De acordo com a nossa experiência pessoal, é improvável que os reflexos sempre deem origem a orbes. Isso é bem demonstrado se compararmos as duas fotografias a seguir.

Primeiro, olhe a Foto 19. Ela mostra alguns orbes típicos na nossa sala de estar. A proteção da lareira foi colocada ali por causa de alguns parentes que nos visitavam naquele dia, com um filho pequeno. O reflexo no espelho deve-se ao lustre pendurado no teto. Nesse caso, você fica tentado a pensar que talvez os orbes na parte da frente da imagem sejam o resultado do reflexo da luz. Mas compare essa foto com a seguinte, que tiramos alguns segundos depois. Ela foi tirada aproximadamente do mesmo ângulo, com as mesmas condições de luz e com a câmera com a mesma configuração, mas – não apresenta orbes.

Aqueles tentados a considerar a possibilidade de que tudo não passe de reflexos da luz deveriam ter em mente essa comparação.

Agora, vamos voltar à Foto 3, no capítulo 1. Você já localizou o fator crítico?

O orbe está atrás da cabeça de Sam! Isso anula completamente a ideia de que os orbes são apenas efeitos das lentes da câmera. Esse certamente não é o caso.

Tanto o reflexo quanto as anomalias provocadas pela refração da luz produzem efeitos

apenas na frente da imagem de fundo. Os orbes capturados atrás de pessoas ou objetos não são, obviamente, uma anomalia criada dentro das lentes da câmera. Se os orbes estão atrás de qualquer elemento de uma fotografia, então esse fator indica que eles provavelmente são objetos reais do mundo exterior. E a Foto 3 não é o único exemplo disso. A Foto 21 mostra um orbe atrás do recipiente para carvão, na sala de estar. E a fotografia seguinte, tirada no jardim, mostra um orbe atrás das folhas. (Foto 22)

Isso é bem típico das nossas fotos, em que os orbes aparecem atrás de alguma coisa ou pessoa. Mais uma vez queremos frisar que qualquer coisa que apareça atrás dos elementos de uma fotografia sugere claramente que ela faz parte do mundo real, fora da câmera. Consequentemente, os orbes precisam ser, nem que por um microssegundo, parte do espectro cromático visível para serem fotografados – e como tal eles devem ser um fenômeno objetivo real.

Como somos desenhistas, estamos sempre muito atentos à luz e à cor, e nós dois sentimos, desde o princípio, que deveria haver um elemento visual objetivamente real envolvido ali, algo mais do que simples efeitos de luz estranhos ou defeitos da câmera digital. À medida que prosseguíamos com as nossas expedições fotográficas pelos arredores de Brackenbeck, ficávamos cada vez mais impressionados com a fisicalidade do fenômeno. Observe a foto seguinte. (Foto 23) Os orbes mais próximos são mais brilhantes e nítidos, enquanto os do fundo, entre as árvores, são mais indistintos e distantes – exatamente o que aconteceria se você tirasse uma foto de um fenômeno físico que tivesse elementos individuais a distâncias variadas da câmera.

Esse é um efeito que vemos com frequência em várias fotos de orbes ao ar livre. Sejam ou não fenômenos não físicos invi-

síveis a olho nu, os orbes, depois de fotografados, muitas vezes parecem ter propriedades físicas definidas, como a perspectiva. Nem o *flare* nas lentes nem a luz do sol são capazes disso e é altamente improvável que falhas na câmera digital confiram perspectivas a determinados elementos sem distorcer o resto da imagem. Numa tentativa de determinar o que estávamos fotografando, tivemos de levar em consideração todas as causas naturais óbvias anteriormente mencionadas. Fizemos testes para eliminar as seguintes: fotografamos intencionalmente chuva, folhas, bolhas, pólen, insetos; até chegamos a espalhar partículas de poeira e fotografá-las. Na maioria dos casos, isso foi inútil, pois não conseguimos nada que se parecesse com as luminosidades que estávamos fotografando. Isso é algo que você mesmo pode tentar: caso já tenha fotografado orbes antes, tente fazer cópias deles. É muito instrutivo.

À medida que continuávamos a fotografar orbes tanto dentro de casa quanto ao ar livre, com flash, sem flash, à luz do dia ou à noite, não conseguimos ver fatores consistentes e óbvios que poderiam fazer com que os orbes aparecessem no local ou com a frequência com que aparecem.

Uma noite, fotografamos algumas luminosidades do lado de fora da porta da frente, flutuando ao longo da entrada de carros. (Foto 24)

Essa fotografia demonstra o efeito da perspectiva tanto de objetos distantes quanto dos mais próximos. Alguns deles aparecem borrados, como se tivessem sido surpreendidos em movimento. Em todas as nossas imagens qualquer falha na câmera se repetiria em todos os lugares. Isso não aconteceu. E outras explicações normais como luz do sol, reflexo do flash ou outras causas naturais já mencionadas mostraram-se irrelevantes no momento da foto, não consistentes com o que estávamos fotografando ou extremamente improváveis naquelas circunstâncias!

As nossas comparações de vários fatores comuns que poderiam dar margem ao surgimento de imagens órbicas nos convenceram de que nenhuma das explicações costumeiras se aplicava aos eventos. Tínhamos de pesquisar em outro lugar para descobrir o mecanismo em ação que tornava possível fotografarmos esse fascinante fenômeno.

**Ângulos críticos:**

Pergunta: As explicações naturais como *flare* nas lentes, reflexo do flash, outros tipos de reflexo, chuva, nevoeiro, poeira, insetos, etc., explicam adequadamente a aparição de orbes e luminosidades nas imagens fotográficas?

Resposta: Não.

Pergunta: O fato de os orbes e outras luminosidades aparecerem, nas fotografias, tanto na frente como atrás de objetos sugere que eles devem estar presentes no espectro visual para serem fotografados, e como tal provavelmente fazem parte do mundo externo além da câmera?

Resposta: Sim!

CAPÍTULO 6

# O que é científico e o que não é

"Para o público, uma compreensão melhor da natureza da ciência o levaria a encarar os cientistas com menos assombro e uma pitada a mais de ceticismo. Uma atitude mais realista seria benéfica para ambas as partes."

William Broad e Nicholas Wade,
*Betrayers of the Truth*

Qualquer pessoa envolvida com fenômenos paranormais é encarada com suspeita pelos cientistas e acadêmicos, e com completo ceticismo por aqueles com uma mentalidade dogmática, apegada à rabeira da ortodoxia, que os protege das anomalias perturbadoras existentes nos limiares da "normalidade". Portanto, antes de prosseguir com o nosso relato, gostaríamos de analisar brevemente algo relacionado a todos os que nos interessamos por saber o que existe além da fronteira do normalmente aceitável em termos de ciência ortodoxa.

## O QUE É CIENTÍFICO E O QUE NÃO É?

A ciência poderia ser mais bem descrita como um método para exploração e investigação do universo. Como qualquer bom explorador sabe, se você está em território desconhecido, precisa usar o seu senso de orientação para saber onde está com relação a tudo à sua volta. Mesmo num lugar desconhecido, em geral podemos nos orientar com base nas coisas que conhecemos, como a posição do sol, o formato familiar das montanhas ao longe ou as estrelas no céu. Isso nos dá um mapa mental rudimentar de onde estamos e de qual direção seria melhor tomar. Qualquer pessoa que se disponha a explorar ou investigar o cosmos à sua volta precisa de algum tipo de mapa mental do universo que está investigando. Esses mapas mentais de referência são conhecidos como "paradigmas". Até a época de Copérnico, os astrônomos usavam como mapa do universo o conceito de Ptolomeu de que a Terra era o centro de tudo e o Sol, as estrelas e os planetas giravam em torno dela. Esse foi o ponto de vista predominante à época, e pode-se dizer que o universo de Ptolomeu, centrado na Terra, era o paradigma científico daquele tempo.

Como a história comprova, tanto os paradigmas religiosos como os científicos estão sujeitos a mudanças, embora esse não costume ser um processo rápido. Em geral, as pessoas relutam em abandonar os seus antigos paradigmas conhecidos, como relutariam em se despegar do seu brinquedo favorito. Geralmente elas tentam se agarrar a eles pelo maior tempo possível. Evidentemente, a ciência verdadeira deveria se interessar em descobrir a verdade, sua função básica; mas às vezes parece que não é isso o que ela faz. Ocasionalmente, antigas teorias científicas podem mudar quase da noite para o dia, mas geralmente demora um longo tempo até que a mudança ocorra, especialmente se o novo conhecimento contradiz o ponto de vista ortodoxo.

Não importa o quanto as provas sejam boas, às vezes leva muito tempo antes que a nova visão das coisas se torne aceitável.

O que é considerado ciência válida muitas vezes depende do paradigma vigente. A história está cheia de casos de evidências que foram ignoradas ou suprimidas pela ortodoxia científica por contradizer teorias há muito tempo acalentadas. Quando uma hipótese científica é confirmada um número suficiente de vezes, ela não raro alcança o *status* de lei, como aconteceu com a lei do magnetismo ou a lei da gravidade. Na ciência, essas leis são muito importantes na descrição de fenômenos preditivos, mas o fato é que elas nem sempre explicam os fenômenos que descrevem. No magnetismo, por exemplo, a lei segundo a qual os polos magnéticos do mesmo tipo se repelem e os de tipos diferentes se atraem não explica por que isso acontece, só que acontece. Muitas vezes o público tem a impressão equivocada de que essas leis são absolutas, como os Dez Mandamentos, quando na verdade elas são meramente instrumentos descritivos para ajudar a compreensão. Essa visão errônea da ciência explica por que as teorias científicas, como os dogmas religiosos, são às vezes usadas como uma marreta para destruir o que as pessoas percebem como ameaça.

A ciência é muitas vezes descrita como se fosse totalmente imparcial e objetiva, como algum tipo de padrão absoluto da verdade. Nós corremos riscos ao contrariá-la. Contudo, a ciência é imparcial e objetiva tanto quanto a humanidade é sempre honesta ou sincera. A objetividade e a honestidade são qualidades que racionalmente só podem ser aplicadas a pessoas e, portanto, apenas dentro de certos limites. Na realidade, só os cientistas, individualmente, podem ser considerados objetivos ou honestos. E, é claro, essa é a espinha atravessada na garganta da objetividade científica. Como indivíduos, nenhum de nós pode ser totalmente objetivo, assim como não se pode dizer a "verdade, somente a verdade, nada mais do que a verdade", quando se é solicitado a fazer um juramento ou algo semelhante nos tribunais. Isso está rigorosamente além da capacidade do ser humano, que possui uma memória falível, e cuja interpretação dos acontecimentos é sempre subjetiva. O "somente a verdade" é algo literalmente alheio à experiência de qualquer pessoa.

Em termos da lei e da ciência, portanto, a verdade – considerando as limitações até da pessoa mais honesta – muitas vezes tem de ser a melhor aproximação, dadas as circunstâncias. À medida que tentávamos encontrar a verdade por trás do fenômeno das luminosidades, descobrimos que ficava mais difícil conciliar o que tínhamos vivenciado com o que tínhamos aprendido com os físicos modernos. Havia um aspecto do fenômeno que nos fazia pender mais para o metafísico e o paranormal como áreas mais prováveis de investigação. Como muitos antes de nós, estávamos agora correndo o risco de ultrapassar a linha divisória entre a ciência e essa área duvidosa que alguns consideram pseudociência.

Mas, afinal, o que é pseudociência?

No nosso modo de ver, dependendo da perspectiva, isso pode significar duas coisas:

a) um jargão científico usado para justificar conclusões a que os cientistas chegaram, sem nenhuma referência a todos os fatos ou recursos conhecidos de algum método científico. Ou,
b) uma teoria racionalmente possível, baseada em todas as evidências conhecidas, mas que não se ajusta ao ponto de vista predominante da ortodoxia científica.

O mais interessante é que a última alternativa era justamente a categoria em que se encontravam os irmãos Wright quando, mais de dois anos depois de terem feito o primeiro voo, certos cientistas da época ainda insistiam em escrever artigos comprovando que era cientificamente impossível que objetos mais pesados que o ar voassem! Gostaria de saber o que eles teriam pensado dos jumbos.

Todos os que estudam qualquer fenômeno que ultrapasse as fronteiras do paradigma aceito na época inevitavelmente se acham em desacordo com a ortodoxia científica, e têm as suas ideias e teorias normalmente rotuladas como excêntricas ou pseudocientíficas. Contudo, a história da própria ciência não é um exemplo puro de veracidade objetiva. De vez em quando se tem notícia de cientistas negando peremptoriamente um fenômeno real que não se ajusta ao pensamento científico vigente. Pense nos meteoritos, por exemplo. Se numa noite clara, você se sentar ao ar livre numa região campestre e contemplar o céu por tempo suficiente, tem uma boa chance de ver uma estrela cadente. É claro que o que você vê não é uma estrela de fato, mas o brilho fugaz de uma minúscula partícula de detrito cósmico incandescendo-se ao entrar na nossa atmosfera. Normalmente, trata-se de meteoros que se desintegram por causa do atrito atmosférico. Estima-se que algo em torno de cem milhões deles entrem na nossa atmosfera todos os dias. Os fragmentos maiores, que não se incendeiam, mas de algum modo causam um impacto na Terra, são conhecidos como meteoritos. Existem meteoritos dos mais variados tamanhos, desde pedregulhos até rochas gigantescas que pesam toneladas. Felizmente, as suas chances de ganhar na loteria são centenas de milhões de vezes maiores do que a de ser atingido por um meteorito!

Hoje em dia, a maioria de nós sabe o que são cometas e meteoritos. Sabemos que eles são um fenômeno cósmico natural. Não os vemos mais como sinais ou presságios dos deuses. Mas não faz muito tempo que deixamos de vê-los assim. Durante centenas de anos, os meteoritos férricos que caíam na Terra eram guardados em templos, pois se acreditava que eram enviados pelos deuses.

Foi o ferro dos meteoritos que os antigos metalúrgicos usaram para forjar as armas que davam aos seus portadores o domínio sobre os que ainda usavam armas de bronze. Como o comprova a história, nos tempos de guerra foi muitas vezes o metal das estrelas que decidiu o destino das nações da Terra.

Ironicamente, depois do Renascimento e do estabelecimento do racionalismo científico, durante muitos anos os relatos de meteoritos caindo na Terra foram desprezados pelos cientistas da época como nada mais do que crenças supersticiosas de pessoas ignorantes.

A lógica científica predominante na época ditava que as pedras não poderiam cair do céu porque não havia pedras no céu. Exatamente por isso, os meteoritos não existiam nem poderiam existir. Apesar de muitos avistamentos bem documentados de meteoritos, cientistas céticos estavam tão convencidos de que rochas não poderiam cair do céu que fizeram um esforço conjunto para que todos os fragmentos de meteoritos fossem removidos dos museus e coleções ou destruídos.

Hoje, evidentemente, com uma perspectiva e compreensão mais amplas do nosso ambiente cósmico, os meteoritos e os meteoros são aceitos como fenômenos astronômicos naturais, que entram regularmente na atmosfera do nosso planeta. Existem dois tipos de meteoros: os esporádicos, que podem aparecer às vezes, e a chuva de meteoros, que só ocorre em algumas épocas do ano. A mais conhecida chuva de meteoros é a Leônidas, que tem esse nome porque parece se irradiar da constelação de Leão. A Leônidas é vista em meados de novembro todos os anos e é uma chuva que vale a pena observar. Entre os anos de 1833 e 1866, foram vistas fortíssimas chuvas de meteoros, com milhares deles caindo do céu a cada hora. Alguns fundamentalistas encararam o fenômeno como uma confirmação dos versículos bíblicos que falavam sobre estrelas caindo do firmamento, em Mateus 24:29, e em Apocalipse 6:13, mas, evidentemente não se tratava de estrelas de fato, apenas meteoros que a ciência afirmava não existirem.

Um número tão grande de meteoros não tem sido visto desde então, pois a órbita de Leônidas passou por modificações. Contudo, foi a ocorrência impressionante das grandes chuvas de meteoros do final do século XIX que levou os cientistas a abandonarem as suas pressuposições e começarem a investigar mais a fundo o fenômeno.

Como a história muitas vezes mostra, a tão exaltada racionalidade da ciência tem sido, em muitos casos, a tal ponto exagerada que a ciência é vista como a única utilização racional do intelecto humano. E, como é muito natural, em termos psicológicos, alguns cientistas têm enfatizado isso, colocando-se diante do público irracional como árbitros da razão. Mas essa não é a única falha da ciência; líderes e políticos colocam com frequência os cientistas na posição nada invejável de guardiões exclusivos do conhecimento e da razão na sociedade.

Na medida em que os cientistas são pessoas, pontos de interrogação com relação à sua total legitimidade pairam sobre muitos nomes notáveis nos anais da ciência, desde a Grécia antiga até os dias de hoje, entre eles Cláudio Ptolomeu, Galileu Galilei e até Isaac Newton! Lamentavelmente, como a história testifica, as rodas da ortodoxia, científica ou de outro tipo, custam a tomar novas direções. E não há dúvida de que muitos cientistas de hoje lançariam por terra, nas trevas, toda a ideia de orbes, esferas, luzes fantasmagóricas, raio globular e outras luminosidades, junto com o mostro do lago Ness, a terra plana e os *leprechauns* – sem mencionar os anjos e as fadas!

Embora muitos cientistas critiquem, com frequência de maneira ofensiva, as perspectivas espirituais e sejam preconceituosos com relação a fenômenos paranormais, não podemos cometer o erro de acusar todos os cientistas de serem tacanhos – isso não vale para os cientistas em geral nem para a ciência, propriamente. Muitos dos benefícios que consideramos naturais no mundo moderno não estariam ao nosso alcance se não fosse a persistente e metódica pesquisa científica. A ciência nasceu das questões filosóficas que as pessoas fazem acerca da natureza da vida e é o melhor instrumento que temos para a investigação racional do universo. Embora, como acontece com todos os instrumentos, às vezes ela possa ser mal utilizada por aqueles que dela se valem.

O nosso problema não era como tornar as nossas explicações aceitáveis para o pensamento científico vigente, mas como compreender o nosso fenômeno. Como explicá-lo da maneira mais racional possível, em termos do que sabíamos sobre seus aspectos e comportamento. E, se isso parecer inacreditável ou controvertido para alguns, não há muito que possamos fazer a respeito, exceto estimular outros a estudar mais a fundo a matéria das luminosidades.

Para a maioria das pessoas dedicadas à investigação da variada gama de fenômenos extraordinários e ocorrências paranormais, explorar o universo é muito mais do que fazer com que os fatos se ajustem às percepções vigentes. É tentar entender o que as misteriosas anomalias rejeitadas pela ortodoxia podem realmente significar com relação a tudo o que sabemos. E algumas vezes isso pode nos levar a novos horizontes.

**Ângulos críticos:**

Pergunta: Se, como a história mostra, os paradigmas científicos predominantes do passado se mostraram falhos, é possível que os atuais paradigmas também o sejam?

Resposta: Sim.

Pergunta: É possível que as concepções científicas a respeito dos fenômenos paranormais em geral se devam a um entendimento incompleto do universo?

Resposta: Sim.

# CAPÍTULO 7

# *O avistamento das luzes*

"Umbra: (s.) parte da sombra onde não existe absolutamente nenhuma luz."
       Longman's Illustrated Science Dictionary

"Luz: s. radiação eletromagnética graças à qual as coisas são visíveis."
       Collins Pocket English Dictionary

Não foi muito depois de começarmos a fotografar nossas luminosidades que percebemos que Katie na verdade conseguia ver algo antes de tirar a foto de um orbe. O que ela via eram pequenos lampejos. A primeira vez em que isso aconteceu foi numa tarde em que ela estava prestes a fotografar uma nova pintura que acabara de pendurar na parede. Ela notou um lampejo de luz rosa neon na parede oposta à da lareira. Instintivamente, disparou a máquina naquela direção e a foto resultante mostrou uma grande luminosidade esfumaçada. (Foto 25) Abaixo dela havia uma menor, no chão.

Poucos dias depois, Katie estava outra vez na sala de estar, no final da tarde, quando viu o que depois descreveu como o breve pulsar de uma

luz na parede perto da porta. Eu estava presente na ocasião, mas não vi nada.

Tínhamos acabado de entrar, depois de tirar algumas fotos ao ar livre e a câmera dela ainda estava ligada.

Ela mirou a máquina na direção da luz e tirou a foto antes que eu pudesse dizer alguma coisa. Quando olhamos a imagem na tela, vimos que havia de fato uma luminosidade onde ela tinha visto a luz e também o que parecia ser um rastro. (Foto 26)

A impressão que se tem é que ele tinha acabado de passar zunindo através da porta sólida! Mas como sabemos, as aparências enganam. Se os orbes são fenômenos não físicos, o que parece ser um rastro pode ser algo muito diferente. Já suspeitávamos, como algumas das nossas fotografias pareciam indicar, que os gatos às vezes viam os orbes que fotografávamos. Será que as luzes que Katie vira seriam de fato luminosidades visíveis?

Se eram, esse era um empolgante avanço para nós. Especialmente considerando o fato de que há vários anos Katie vivenciava um estranho fenômeno visual, que até esse ponto ela só tinha visto, mas nunca fotografado.

Como isso se relaciona diretamente com as luminosidades que são tema deste livro, precisamos voltar um pouco no tempo e relatar brevemente como Katie passou a perceber o que agora chamamos de "Fenômeno das Luzinhas Transientes", ou FLT, para abreviar.

A experiência de Katie com essas estranhas luzes começara havia uma década, aproximadamente, antes de nos conhecermos. Na época, embora morasse num charmoso chalé de quatrocentos anos de idade, Katie não estava satisfeita nem com os seus relacionamentos pessoais nem com a sua profissão. Além disso, o antigo chalé parecia assombrado. Barulhos estranhos e efeitos físicos perturbadores ajudavam a lhe inspirar um sentimento de desamparo numa situação que parecia não ter solução. Quase instintivamente, ela começou a se dirigir, em pensamento, a um poder superior; no entanto, não lhe dava nome algum, pois não seguia nenhum caminho religioso em particular.

Deitada na cama à noite, ela tentava se elevar acima dos seus problemas e deixar o espírito flutuar livremente, buscando algo que instintivamente sabia que poderia ajudá-la. Embora não soubesse na época, ela começou uma jornada pelo mesmo caminho que buscadores de todo o mundo percorrem através da escuridão. Cada um deles carregando no coração a sua pequena chama de esperança para iluminar-lhes o caminho.

Embora se sentisse perdida, Katie tinha uma personalidade doce e generosa e começou a se concentrar na tarefa de enviar pensamentos de amor e esperança para outras pessoas que pudessem estar perdidas na escuridão. Toda noite, ela elevava os pensamentos para o universo ou Deus ou qualquer força de bondade que houvesse e buscava conexão e orientação. Então as luzes começaram a aparecer!

A primeira vez em que ela viu uma foi no canto da sala de estar do seu antigo chalé. Parecia uma estrelinha que brilhou brevemente e depois desapareceu. Essa foi a primeira de várias ocorrências. Logo Katie passou a vê-las regularmente. Luzinhas minúsculas, de tonalidade rosa neon, roxa ou azul, que brilhavam momentaneamente nas paredes, nos cantos mais escuros ou em volta das pessoas, até mesmo no local de trabalho de Katie, às vezes solitárias, outras vezes num agrupamento. As luzinhas variavam, algumas eram mais brilhantes e duravam mais do que as outras. Katie descobriu que elas eram mais reconfortantes do que perturbadoras, embora como desenhista que dependia dos olhos para ganhar a vida, estivesse muito preocupada com a possibilidade de o fenômeno ser um mau presságio. Então resolveu fazer exames de vista.

Tanto o médico quanto o óptico ficaram preocupados quando ela contou sobre as luzes, mas depois dos exames de rotina, o médico constatou que não havia nada errado do ponto de vista fisiológico. O óptico ficou perplexo. Todos os exames de Katie estavam normais. O melhor diagnóstico que podia oferecer era o que ele chamou, em tom de brincadeira, de "estrelite". E disse para que ela não se preocupasse. Não havia nenhum problema físico em seus olhos, embora ele tivesse de admitir que nunca conhecera ninguém que visse essas estranhas luzes.

No entanto, esse fenômeno não é exclusividade de Katie.

Muitas pessoas, no mundo todo, também o vivenciam. O Fenômeno das Luzinhas Transientes (FLT) é muitas vezes visto por médiuns, paranormais e agentes de cura, mas também é corriqueiro no dia a dia de muitas pessoas comuns, que não o consideram um fenômeno paranormal. Na maioria dos casos, ele é tão fugidio que muitos até o ignoram ou acabam se esquecendo dele, como as moscas volantes nos olhos, que só vemos quando nos concentramos nelas.

Pode ser que você também já tenha visto essas luzinhas, rompendo num microssegundo num lampejo ou brilhando em torno das pessoas. Não há nada errado com os seus olhos; o que você está vendo é exatamente o mesmo fenômeno que Katie vê; e ele está ali o tempo todo, basta você olhar! Se você vir essas luzinhas, se for rápido o suficiente, tente usar a sua câmera digital para tirar uma foto e cedo ou tarde você estará fotografando orbes.

Para Katie, o FLT se tornou um fenômeno intermitente, mas recorrente, que não parecia seguir nenhum padrão em particular. No entanto, ele realmente tinha um significado! O surgimento das luzes então a levou a tomar um novo caminho que lenta, mas inexoravelmente, a livrou de tudo o que vinha oprimindo o seu espírito. Olhando em retrospectiva, a nós dois parece que as próprias luzes foram uma resposta ao dilema de Katie e à sua tentativa de sair da escuridão para buscar algo que a orientasse.

Durante os quatro anos seguintes, Katie empreendeu a sua jornada particular de descoberta. Ela começou a se perguntar se outras pessoas também viam as luzinhas.

Katie estava então acostumada a ver luzes e já as aceitava como parte da sua vida. Até sentia um certo conforto com as suas aparições periódicas e começou a achar que talvez elas tivessem um propósito. Haveria uma ligação entre as luzinhas e as pessoas perto de quem elas apareciam? Será que elas estavam reagindo aos estados emocionais? Seriam um fenômeno gerado pela psique de outras pessoas ou o sinal de algum tipo de empatia entre ela própria e a outra pessoa?

À medida que buscava respostas, inevitavelmente Katie passava por mudanças que ampliavam a sua vida de um modo mais aberto e positivo. Um dia, uma colega de trabalho sugeriu que ela fizesse uma massagem aromaterápica. Katie nunca fizera nada parecido antes. A aromaterapeuta tinha um consultório no prédio de um antigo moinho açoitado pelos ventos – o último lugar em que Katie imaginaria encontrar alguém envolvido com as artes de cura. Ela a princípio ficou um pouco desanimada com a aparência do lugar, mas assim que entrou na sala de aromaterapia, instantaneamente viu uma infinidade de minúsculas luzinhas brancas. Elas enchiam o ar do canto mais distante da sala fracamente iluminada. Katie nunca tinha visto tantas de uma só vez. Contudo, num instantinho elas desapareceram.

A sala de aromaterapia tinha uma atmosfera cálida e positiva e, à medida que a sessão progredia, Katie começou a sentir afinidade com Hanna, a terapeuta, o que a levou a contar sobre as luzes que tinha visto ao entrar na sala. Hanna explicou que ela mesma já as vira muitas vezes. Katie no mesmo instante ficou mais atenta; era a primeira vez que conhecia alguém que também via as luzinhas e estava ansiosa para ouvir mais a respeito. Hanna achava que eram o mesmo tipo de energias curativas com que ela fazia o seu trabalho. Katie ficou felicíssima ao descobrir que não era a única a ver as luzinhas piscantes e, que, portanto, tratava-se evidentemente de um fenômeno objetivo. Esse foi um momento decisivo na sua visão das coisas. No mês seguinte, Katie conseguiu um cargo de gerência numa nova empresa e mudou-se da região – mas as luzes continuaram. Elas a acompanhavam por onde quer que fosse. Alguns meses depois de conseguir o novo emprego, ela e a sua melhor amiga, Wendy, foram a uma aula introdutória de Tai Chi com Jason Chan. Numa sala comunitária, havia uma mistura de gente de todas as idades e trajetórias profissionais, todos sentados sobre os joelhos, aprendendo a respirar e a entrar em sintonia com a energia chi.

O Tai Chi exercita o corpo, suaviza a mente e eleva o espírito. É como uma meditação em movimento. O interessante é que o símbolo do Tai Chi é um círculo. A maioria das pessoas o conhece como o famoso símbolo do Yin e Yang, dois semicírculos, um claro e o outro escuro, que se encontram para formar um círculo completo. No simbolismo chinês isso é literalmente chamado o "Tai Chi" e trata-se do símbolo perfeito do espírito do Tai Chi, que consiste na mente e no corpo equilibrados e movendo-se em harmonia.

Depois da aula, Wendy e Katie decidiram ouvir o debate. Katie estava especialmente interessada num homem que descrevia as luzinhas que via há muitos anos. Pela maneira como ele falava, pareciam ser as mesmas luzes que Katie também via. Ela ouviu com atenção. Ele queria saber por que não as via mais, pois sem elas sentia como se algo estivesse faltando e gostaria de voltar a vê-las. O que ele poderia fazer? Jason simplesmente lhe disse para continuar tentando. Katie nunca havia pensado na possibilidade não conseguir mais ver as luzes.

Ela refletia sobre isso ao sair, quando Wendy contou entusiasmada que ela também tinha visto muitas luzinhas brancas ao saírem da sala. Embora ela soubesse sobre as luzes de Katie, essa foi a primeira vez que Wendy também viu as luzes. Ambas estavam encantadas e curiosas para saber se seria um efeito do Tai Chi. Mas fosse o que fosse, Katie estava feliz de saber que a sua melhor amiga também passara a ver as luzes. Katie já tinha visto uma grande quantidade de luzinhas rosa neon aquela noite e se sentia completamente energizada.

Ela se despediu de Wendy, mas depois de dirigir alguns quilômetros, seu carro apresentou uma pane elétrica. Por sorte, era uma noite clara e estrelada, sem muito tráfego. Ao perceber, pelo retrovisor, que Katie não estava atrás, Wendy deu meia-volta para ver o que acontecera. Nenhuma delas é uma dama indefesa que não sabia nada sobre carros, por isso, nos dez minutos seguintes tentaram todos os procedimentos básicos, mas não conseguiram resolver o problema. O carro não dava nenhum sinal de vida.

Katie de repente viu uma luz branca sobre o volante! Ela girou a chave na ignição novamente. Desta vez o carro pegou instantaneamente! O carro dela nunca tinha apresentado nenhuma falha elétrica antes. Katie não conseguia parar de pensar na possibilidade de ela estar carregada demais de energia Chi aquela noite e se aquilo não teria afetado o carro. Impossível! Ou será que não?

Nas tradições orientais, o Chi é uma energia universal, tão instantânea quanto o pensamento. Na filosofia hindu, essa energia é chamada prana, e existe uma distinção entre o prana físico e o psíquico que pode explicar certos aspectos dos nossos fenômenos luminosos, como a diferença em escala entre as luzinhas transientes de Katie, os orbes fotografáveis e as luminosidades maiores. Posteriormente, vamos analisar como essa energia universal pode ter uma ligação com as luzes transientes recorrentes e com a ocorrência de luminosidades e outros fenômenos.

**Ângulos críticos:**

Pergunta: As luzinhas transientes são fenômenos fotografáveis?
Resposta: Sim.
Pergunta: É possível que o Fenômeno das Luzinhas Transientes seja um aspecto visual do fenômeno dos orbes?
Resposta: Sim!

CAPÍTULO 8

# *Bolas de fogo e a teoria do plasma*

Do trono saem relâmpagos, vozes e trovões.

Apocalipse 4:5

"Veja!", disse um. "As luzes outra vez! Noite passada os vigias viram-nas começar a se desvanecer da meia-noite até a aurora. Algo está acontecendo lá em cima."

J.R.R. Tolkien, *The Hobbit*.

Esferas de luz inexplicáveis! Raios, trovões e bolas de fogo vindas do céu!

Como o martelo de Thor batendo no domo do céu, até hoje uma antiga controvérsia faz brilhar os olhos tanto dos céticos quanto dos crentes. Sejam quais forem as suas crenças, centenas de avistamentos do fenômeno celeste conhecido como relâmpagos globulares têm ocorrido ao longo dos séculos. As provas da sua existência agora parecem irrefutáveis, embora alguns cientistas ainda a neguem.

Mas o ponto principal do debate agora é: o que realmente causa o relâmpago globular e como ele funciona?

Enquanto analisávamos o nosso fenômeno, nós nos perguntávamos se seria possível que as nossas luminosidades estivessem ligadas, de alguma maneira, às forças responsáveis pelo relâmpago globular. A nossa última pesquisa sobre o assunto originou-se dessa possibilidade; já havia, inclusive, uma teoria viável sobre esse efeito conhecida como teoria do plasma. Seria possível que houvesse uma ligação entre a energia do plasma, os relâmpagos globulares e os orbes?

Antes de analisar essa possibilidade, vamos examinar o próprio fenômeno conhecido como relâmpago globular. Certamente não faltam testemunhos de pessoas que, ao longo dos anos, viram relâmpagos globulares e seus efeitos. Mas, primeiro, vamos ao relato de uma testemunha ocular com o qual estou mais familiarizado: o meu próprio.

## ESPELHOS COBERTOS E PORTAS ABERTAS

Quando os trovões ribombavam e as tempestades de verão riscavam o céu com os seus coriscos, minha avó sempre tomava as suas precauções. Cerrava as cortinas, cobria todos os espelhos com toalhas de chá e abria a porta dos fundos. Ela sempre mantinha a porta dos fundos aberta para deixar o raio sair caso ele entrasse pela chaminé. De onde ela trouxe esse costume eu não sei, mas aquilo servia para proteger a casa dos raios e trovões. Hoje em dia isso pode parecer uma superstição tola, mas, como muitos folclores e superstições, tem o seu fundo de verdade.

Para um menino de 9 anos, os raios e trovões eram tanto impressionantes quanto assustadores, embora eu não fizesse ideia do que eles realmente eram. Até que vi um. Era agosto, minha avó e eu estávamos na sala íntima, abrigados da tempestade elétrica que trovejava e relampejava sobre o vale. Ela tinha tomado todas as precauções de sempre e o interior da casa estava na penumbra por trás das cortinas fechadas. De repente, na sala escura, surgiu um imenso clarão. Bem na frente da lareira, como se tivesse entrado pela chaminé, havia uma impressionante bola de luz azul tremeluzente. Lembro-me de que ela era do tamanho de uma bola de futebol, talvez ligeiramente maior. Flutuando a aproximadamente uns trinta centímetros do chão, ela parecia tremular, como algo visto através da névoa quente de verão. A esfera luminosa parecia ondular ligeiramente, enquanto deslizava na direção do sofá. Minha avó logo me agarrou, puxando-me para o outro lado da sala. Com os olhos arregalados, observávamos a esfera de detrás da mesa de carvalho polido. Ainda me lembro do cheiro acre e de um zunido no ar. Lembro-me de uma sensação sobre toda a minha pele, como se estivessem me dando agulhadas. A bola de luz azulada flutuou, então, em torno do sofá e parou por alguns instantes em frente à cristaleira, como se fitasse o próprio reflexo. Eu a observava, dividido entre o medo e o fascínio. Momentos depois, ela deslizou pela porta e entrou na cozinha. Quando consegui me livrar das mãos da minha avó, segui cautelosamente a esfera, bem a tempo de vê-la sair da casa pela porta dos fundos.

Corri para fora e olhei em volta, mas ela havia desaparecido, aparentemente engolida pela mesma tempestade que a trouxera! Por qualquer razão, as precauções da minha avó tinham dado resultado; o raio acabou tendo que deixar a casa pela porta dos fundos aberta.

Foi uma experiência impressionante, uma daquelas memórias mágicas da infância que guardei comigo ao longo dos anos, mas desde então nunca vi outro relâmpago globular.

## UM FENÔMENO MUNDIAL

O fenômeno dos relâmpagos globulares é muito bem documentado no mundo todo. São inúmeras as opiniões sobre o que exatamente causa este e outros fenômenos luminosos aéreos conhecidos por diversos nomes, como: bolas de fogo, raios, relâmpagos globulares ou *kugelblitz* (quando em ambientes fechados), fogo-grego, fogo-fátuo, fogo-de-santelmo ou luzes terrestres (quando ao ar livre). O fenômeno dos relâmpagos globulares dividiu a comunidade científica desde o início do século XIX, quando as primeiras reportagens mais extensas foram publicadas.

Os relâmpagos globulares tornaram-se até tema de uma reunião da Academia Francesa de Ciências em que foram apresentadas provas da aparição de um grande número de globos luminosos durante um tornado em 1890. Testemunhas oculares fizeram relatos de estranhas luminosidades entrando nas casas pelas chaminés e deixando buracos redondos ao sair pelas janelas. Apesar dos variados relatos de primeira mão acerca das propriedades extraordinárias desse fenômeno, muitos membros da Academia encararam-no com desdém, alegando que as testemunhas tinham sofrido ilusões de ótica.

No debate acalorado que se seguiu, o consenso geral foi o de que as observações de pessoas pouco instruídas de nada valiam. No entanto, os mais céticos foram obrigados a se calar quando o ex-imperador do Brasil, um respeitado membro estrangeiro da Academia, anunciou que ele próprio já vira relâmpagos globulares.

Nos tempos antigos, o relâmpago globular era considerado um sinal dos deuses e classificado na mesma categoria dos Óvnis. Pensou-se um dia que se tratasse de um fenômeno sobrenatural e ele era visto com ceticismo pela ciência. Hoje, esse fenômeno não é mais considerado sobrenatural, embora continuem as controvérsias sobre o que realmente é.

## RELÂMPAGOS GLOBULARES COMO ENERGIA DO PLASMA

Hoje em dia, a teoria mais amplamente aceita para esse fenômeno é a do plasma.

De acordo com os livros acadêmicos, plasma é "um gás altamente ionizado e eletricamente neutro, composto de íons, elétrons e partículas neutras". O ar à nossa volta sempre contém tanto moléculas neutras quanto moléculas de gases com carga positiva. Normalmente essas partículas com carga positiva, conhecidas como íons, se misturam, mas sob condições incomuns, como uma tempestade elétrica, o número de íons pode, como se supõe, aumentar até formar uma nuvem espontânea de partículas eletrificadas cujos movimentos reativos geram uma incandescência autoiluminante. Plasma! De acordo com a teoria, isso explica por que os relâmpagos globulares e fenômenos luminosos semelhantes são muitas vezes associados a tempestades elétricas, cabos elétricos de alta voltagem ou falhas geológicas que produzem terremotos. Todos eles causam efeitos eletromagnéticos na atmosfera à sua volta.

O relâmpago globular costuma ser visto como uma esfera luminosa cujo diâmetro varia de alguns centímetros até pouco menos de um metro. Essas esferas são geralmente alaranjadas, vermelhas, brancas ou azuis e são descritas das maneiras mais variadas: deslizando, pairando no ar, flutuando a esmo. O interessante é que também há relatos de que elas mudam de forma, dividem-se, fundem-se e podem mudar de direção quase instantaneamente ou parar de modo repentino. Esses tipos de manobras parecem indicar as propriedades de um plasma basicamente sem peso e impelido pela eletricidade.

Algumas pessoas dizem ter visto relâmpagos globulares atravessando sem dificuldade superfícies sólidas, como vidro ou metal, e também há relatos de luminosidades entrando em prédios e aviões. O que também sugere um fenômeno de plasma errante.

Segundo relatos, os relâmpagos globulares podem durar de poucos segundos até alguns minutos, às vezes desaparecendo silenciosamente, outras vezes desvanecendo-se no ar com uma força explosiva. Embora a ideia do relâmpago globular como uma concentração de plasma agora seja muito bem aceita, a noção de que o plasma também pode ser um fato importante no fenômeno dos orbes é menos conhecida. Isso era algo que então passamos a considerar.

## ORBES E A TEORIA DO PLASMA

A premissa básica da teoria do plasma com relação aos orbes é que eles são estruturas plasmáticas complexas, normalmente invisíveis ao olho humano, mas que às vezes se tornam visíveis quando expostos a uma grande quantidade de fótons, como os emitidos pelo flash de uma câmera fotográfica. Nesse caso, é a sua aparente "fluorescência" que torna os orbes fotografáveis. A fluorescência, normalmente associada a minerais, é a emissão de radiação eletromagnética, particularmente luz, devido à irradiação causada por outras fontes de radiação ou partículas eletromagnéticas. A fluorescência persiste só enquanto dura o processo que a estimula. No instante em que você dispara o flash, os elétrons da concentração plasmática se movem instantaneamente para uma órbita energética superior, quando atingidos pelos fótons da fonte luminosa. Quando esses elétrons agora altamente carregados voltam à órbita original, novos fótons (luz) são instantaneamente liberados. Tudo isso acontece em microssegundos e os plasmas são capturados como orbes pelo felizardo fotógrafo. Pelo menos é assim que descreve a teoria.

Isso não explica por que Katie às vezes conseguia ver luzes e então fotografar luminosidades, mas pode explicar por que alguns orbes em particular parecem discos chatos em vez de esferas tridimensionais. Os elétrons não formam esferas sem que tenham algo que mantenha a sua coesão, como uma concentração suficientemente densa de plasma. Teoricamente, as concentrações de plasma que formam os orbes só têm uma quantidade mínima de peso e inércia, suficiente apenas para impeli-los rapidamente em qualquer direção. No entanto, elas não são suficientemente substanciais, durante a sua breve explosão de fótons de um microssegundo, para formar esferas visíveis. Consequentemente, os elétrons simplesmente se espalham em todas as direções, resultando nas imagens semelhantes a um disco achatado, capturadas pela câmera no momento em que o flash causa o bombardeamento de fótons.

Se você sair ao ar livre à noite, para tirar fotos, pode ver pontos de luz brilhantes no ar logo depois de disparar o flash. Será que esses pontos revelam a localização dos plasmas órbicos normalmente invisíveis? No entanto, plasmas em forma de relâmpagos globulares, com densidade e massa superiores, muitas vezes formam esferas visíveis. À medida que estudávamos esse tópico, mais curiosos ficávamos para saber se seria possível que, assim como acontecia com os relâmpagos globulares, os orbes também formassem às vezes concentrações de plasma densas o suficiente para se tornar brevemente luminescentes.

Assim como relâmpagos globulares, mas muito menores?

Acrescentando isso à teoria existente de que os orbes são concentrações de plasma fotografáveis, parece que tínhamos a explicação de ambos os aspectos do nosso fenômeno: por que conseguíamos fotografar orbes e por que Katie às vezes via um repentino clarão luminoso antes de fotografar as luminosidades no mesmo lugar. Se era esse o caso, será que os orbes, assim como os relâmpagos globulares maiores, também eram afetados pelos campos de energia eletromagnética?

Sob condições climáticas normais, os íons (partículas com carga positiva) são dispersados aleatoriamente pela atmosfera. Mas, durante condições incomuns, como tempestades com trovoadas, o número de íons pode rapidamente aumentar e se contrair, formando uma concentração de plasma espontânea de elétrons com carga positiva.

Os plasmas agitavam movimentos inter-reativos e então geravam um fenômeno autoiluminativo. Relâmpago globular!

Se um processo semelhante também pudesse ser gerado por efeitos eletromagnéticos localizados mais perto do chão, então concentrações plasmáticas impulsionadas por elétrons, menores e menos densas, como os orbes, poderiam se tornar visíveis por alguns instantes sem a necessidade de uma explosão de fótons do flash de uma câmera. Isso podia explicar por que os gatos, com ótica de alcance desconhecido, às vezes pareciam ver os orbes nas nossas fotografias. Até aqui tudo bem, mas será que a teoria do plasma era suficiente para explicar também outras luminosidades? Talvez.

Se uma concentração de plasma de nível inferior coletasse uma densidade suficientemente grande de elétrons sem carga positiva para gerar a liberação de fótons, ela poderia então se tornar visível como as luzes terrenas, o fogo-fátuo ou o fenômeno das luzes fantasmagóricas. O que pode explicar certos casos semelhantes de toda uma gama de fenômenos luminosos anômalos! Defensores da ideia do plasma acreditam que as tempestades elétricas têm um efeito definitivo sobre a ocorrência de orbes e, no início de qualquer tempestade elétrica, existe uma correlação entre a densidade e o número de orbes que aparecem.

## ORBES ANTES E DEPOIS DE TEMPESTADES ELÉTRICAS

Se a suposição básica dos teóricos do plasma estiver correta, a de que os orbes são um fenômeno baseado na energia de elétrons, então é provável que eles reajam a tempestades elétricas e a outras fontes de energia eletromagnética. Nesse caso, esperaríamos muito mais orbes no início de uma tempestade do que no fim, quando os níveis de energia atmosférica diminuem gradativamente à medida que a frente da tempestade se dissipa.

Decidimos testar essa teoria logo que tivéssemos uma tempestade com trovoadas. Felizmente, tivemos uma logo na semana seguinte. Enquanto esperávamos que o olho da tempestade atingisse Brackenbeck, ficávamos imaginando que efeitos uma tempestade elétrica teria sobre os nossos orbes, se eles fossem, de fato, um fenômeno plasmático. Posteriormente, conseguimos tirar fotos de orbes antes e depois de tempestades. O resultado foi decepcionante, pois, quando comparamos as imagens, vimos pouca diferença na quantidade de orbes das fotografias tiradas antes e depois. Incluímos duas delas neste livro, para que você possa comparar as imagens.

Se você tiver oportunidade, pode ser interessante sair ao ar livre e tentar fotografar orbes antes e depois de uma tempestade elétrica. Apesar de não termos conseguido apontar diferenças significativas, talvez você consiga resultados melhores.

Mas, lembre-se, os raios podem ser letalmente perigosos. Não se arrisque.

De maneira geral, os teóricos do plasma podem estar certos. Obviamente, milhares e milhares de fotografias foram obtidas nas duas circunstâncias antes que qualquer conclusão estatística consistente pudesse ser tirada sobre a ocorrência maior ou menor de orbes antes ou depois de uma tempestade. O fato de os orbes poderem ser vistos e fotografados significa que deve haver algum mecanismo que os leve a aparecer cons

Antes da tempestade elétrica

Depois da tempestade elétrica

tantemente no espectro visual. Depois de considerados todos os fatores, achamos que a ideia de orbes como fenômeno plasmático oferece uma boa explicação sobre o seu aparecimento, mas não explicava em hipótese alguma todos os aspectos do fenômeno como nós o vivenciamos. Existiam outros fatores a se levar em conta.

**Ângulos críticos:**

Pergunta: Os aspectos físicos e o comportamento tanto dos relâmpagos globulares quanto dos orbes sugerem a possibilidade de que ambos possam ser um fenômeno plasmático?

Resposta: Sim.

CAPÍTULO 9

# *Orbes, sonhos e símbolos circulares*

Ele é o que está sentado sobre a redondeza da terra... é ele quem estende os céus como cortina e os desenrola como tenda para neles habitar.

Isaías, 40:22

"Três círculos apareceram no Canadá e na Tchecoslováquia, os talos se curvaram, mas não se quebraram."

Carolyn North, *agente de cura e escritora*

"Os sonhos podem conter verdades inevitáveis, pronunciamentos filosóficos, ilusões, fantasias extravagantes, lembranças, planos, antecipações, experiências irracionais, até visões telepáticas, e só Deus sabe o que mais. Uma coisa não devemos nunca esquecer: quase metade da nossa vida passamos num estado mais ou menos inconsciente."

C.G. Jung, *O Uso Clínico da Interpretação dos Sonhos*

No mundo todo, um número cada vez maior de pessoas está fotografando orbes. Como os círculos nas plantações, eles cativam tanto o interesse quanto a imaginação humana. Mas, diferentemente do fenômeno do círculo nas plantações, os orbes são muito mais imediatos e acessíveis a uma mostra representativa cada vez mais ampla da população. E onde quer que vivam, as pessoas se perguntam, "Por que estão aparecendo orbes nas minhas fotos?" "O que eles são? Significam alguma coisa?"

Independentemente de qualquer explicação paranormal, tanto os orbes quanto os círculos são formas simbólicas recorrentes nas expressões da consciência humana em muitos níveis.

## A SIMBOLOGIA DOS ORBES

Nos tempos medievais, os artistas europeus já retratavam estranhos símbolos circulares e formas semelhantes a orbes, como na xilogravura de Hans Glaser do fenômeno testemunhado em Nuremberg em 14 de abril de 1561. (Figura B.)

Fig. B

Ou como em outra xilogravura que retrata muitos globos de fogo vistos sobre a Basileia, na Suíça, em 7 de agosto de 1566 (Figura C.) Inúmeras obras artísticas e arquitetônicas religiosas incluem círculos e orbes, como, por exemplo, os retratados no mosaico do século XIII do domo da Basílica de San Marco, em Veneza. E, é claro, o círculo da auréola está presente na maior parte da arte religiosa. Os gnósticos também usavam o simbolismo circular, como muitas outras seitas pré-cristãs de toda a Europa. Orbes, círculos e esferas estão presentes na arte religiosa da antiga Mesopotâmia, Índia, Pérsia e China; e até na arte das antigas civilizações da América do Sul.

Quando pesquisamos esse assunto mais a fundo, achamos interessante a descoberta de que alguns artistas inspiracionais das últimas décadas, como Griselda Tello, incluíram em seus trabalhos, na década de 80, ilustrações de globos e esferas que se pareciam muito com orbes. Seriam eles baseados em algo que a artista tinha realmente visto ou meros produtos da sua imaginação?

Fig. C

Seriam essas imagens, recorrentes na arte e na pré-história, símbolos do subconsciente humano? E, se fossem, o que significavam?

Formas circulares e esféricas são amplamente usadas para expressar visualmente conceitos metafísicos. Além disso, são ocorrências comuns nos sonhos e nas visões. Será que isso reflete a natureza perene do círculo como princípio simbólico fundamental? As formas circulares não são encontradas apenas na arte da Antiguidade e nos monumentos préhistóricos que fazem parte do passado; elas também são traços predominantes nas formações encontradas nas plantações nos dias de hoje. Algo que muitos veem não apenas como uma mitologia moderna, mas como parte de uma nova perspectiva espiritual em desenvolvimento para a humanidade!

Existem muitas teorias, de todos os pontos de vista imagináveis, que explicam por que as formas circulares são símbolos universalmente recorrentes. A própria Terra pode ser vista como um orbe, uma esfera ou um círculo. Esferas e círculos existem em abundância tanto na astronomia quanto na física subatômica; átomos se movem em círculo ou em órbitas elípticas; estrelas e planetas são esféricos. Corpos celestes circundam uns aos outros e toda a galáxia, da qual fazemos parte, faz um movimento de rotação através do espaço, como uma roda gigantesca, com cem mil anos-luz de diâmetro. E de acordo com a teoria do bigbang, todo o universo começou como uma pequena esfera primordial. Vemos o mundo a partir da órbita dos nossos olhos e, seja onde for que estejamos, se girarmos 180 graus teremos a impressão de que estamos no centro de um círculo!

O círculo, como figura geométrica, era largamente usado pelos construtores dos monumentos pré-históricos. Em todas as paisagens da Grã-Bretanha e da Europa existe uma proliferação de antigas estruturas e formações circulares. E muitos levantamentos topográficos revelam uma paisagem coberta por uma rede de estruturas e formas circulares criadas por construtores de círculos desconhecidos do passado. Sobre muitos monólitos e círculos de pedra, existem marcas familiares de taças e anéis, e muitas pedras também são decoradas com simples desenhos de espirais. A espiral, uma forma que parte de um ponto central, é um símbolo muito antigo. A sua forma enrodilhada como uma cobra pode ser vista como uma representação do cosmos, da energia, da evolução ou do ciclo contínuo da vida. No mundo todo, desde os tempos antigos, o círculo tem sido sem dúvida um símbolo universal que ultrapassa fronteiras religiosas e culturais. Sem início nem fim, ele muitas vezes representa o infinito, a perfeição e a eternidade. Matemáticos gregos viram no círculo uma figura geométrica intrigante, pois, embora a linha fixa que descreve a sua circunferência tenha uma extensão infinita, ela não pode ser calculada com exatidão e por isso, num certo sentido, pode ser considerada sem fim.

Fig. D

As antigas civilizações perceberam que tanto a vida humana quanto as estações avançavam em ciclos e elas muitas vezes representavam o cosmos como uma esfera, que é simplesmente um círculo em todas as dimensões.

Estruturalmente, as esferas contêm o volume máximo dentro de uma superfície mínima, razão pela qual as gotas de qualquer líquido assumem naturalmente a forma de esferas ou de formatos esféricos.

No Cristianismo, o círculo é o símbolo de Deus e também a forma da auréola.

O arco-íris, que de acordo com o Gênesis, Deus colocou no céu, é na verdade um círculo completo, embora só possamos ver parte dele. Outro emblema circular conhecido de muitos de nós é o símbolo do Yin e Yang (Figura D).

Em chinês, esse símbolo é chamado "Tai Chi". Nesse desenho simples, dois semicírculos de luz e escuridão compõem um círculo completo, simbolizando perfeitamente as naturezas opostas, mas complementares, da luz e da escuridão, do masculino e do feminino, do positivo e do negativo, em todos os níveis da vida. Ninguém sabe quem foi o criador desse símbolo onipresente, mas ele foi adotado por pessoas de todas as religiões, e por aquelas sem religião também, mostrando como elas sentem intuitivamente o círculo da vida, e o equilíbrio e a harmonia dentro de si.

No Budismo tibetano, o ciclo constante da mudança é simbolizado pela Roda da Vida circular. Na iconografia da Índia, a palavra sânscrita "mandala" significa literalmente "círculo" e, curiosamente, formas semelhantes à mandala são muitas vezes desenhadas espontaneamente por pessoas que passam por psicoterapia. Nesses casos, elas são usadas para representar uma expressão da mente subconsciente enquanto ela busca

Fig. E

a integração do eu. O psicanalista Jung era fascinado por mandalas e desenhou ele próprio muitas delas. Jung passou a ver a mandala como um símbolo da transformação.

Os motivos de mandala podem ser desenhados com facilidade por qualquer pessoa. (Figura E)

Jung acreditava que desenhar mandalas era uma confirmação de que o objetivo do desenvolvimento psíquico é o eu. Como um trabalho externo, simbólico do subconsciente, a mandala se tornou o caminho para o centro do eu individuado, o centro do círculo, que Jung viu como o arquétipo da Unidade. E, ao longo do seu trabalho, ele notou que as mandalas tinham um efeito terapêutico sobre as pessoas que as desenhavam.

De fato, parece que o círculo, ou a esfera, é uma metáfora universal do todo em muitos níveis, até nos sonhos.

## ORBES E LUMINOSIDADES NOS SONHOS

Círculos, orbes e esferas são símbolos recorrentes no estado onírico. De fato, Jung tinha as suas próprias teorias sobre a Unidade, sincronisticamente confirmadas por um sonho. Jung não era o único a descobrir inspiração sincrônica num sonho, como foi demonstrado por um sonho contado pelo celebrado cientista atômico Niels Bohr. Quando era estudante, Bohr teve um sonho muito estranho. Ele se viu sobre uma bola de gás incandescente como o Sol. Ele observava os planetas zunindo nas proximidades, ao passarem. Mas embora eles girassem em torno do Sol, estavam presos a ele por filamentos. De repente, o gás se solidificou e o Sol e os planetas se desintegraram. Quando Niels Bohr acordou, percebeu que tinha acabado de descobrir o modelo definitivo de átomo que os cientistas há tanto tempo procuravam, sendo o "Sol" o centro fixo em torno do qual os elétrons giravam. A base da física atômica resultou desse sonho.

Círculos e esferas são, sem sombra de dúvida, símbolos poderosos para a humanidade, razão que talvez explique por que nós e outras pessoas achamos os orbes e os círculos tão fascinantes. Talvez eles nos levem ao centro da nossa própria Unidade. Talvez seja por isso que hoje muitas pessoas se sintam atraídas pelos estranhos símbolos circulares das formações nas plantações. Muito já foi escrito sobre essas formações por outros escritores e não cabe aqui analisá-las em profundidade. Mas o que devemos fazer aqui é examinar brevemente esses aspectos dos círculos nas plantações que possivelmente se relacionam com o nosso fenômeno.

## ORBES, LUMINOSIDADES E CÍRCULOS NAS PLANTAÇÕES

Como os orbes e as luminosidades, os círculos nas plantações estão presentes em muitos países do mundo, incluindo o Reino Unido, a Suíça, a Rússia, a França, o Canadá, o Brasil, os Estados Unidos, a Nova Zelândia e a Austrália. É altamente improvável que centenas de desenhos manifestados ao redor de todo o globo tenham sido feito por dois velhos munidos de tábuas, como foi afirmado pela imprensa e por vários caçadores profissionais de charlatões. Para sermos realistas, temos que examinar outras causas, e isso é o que ocupa o pensamento dos pesquisadores dos círculos nas plantações, que já investigaram as causas naturais mais prováveis e as descartaram. O mistério ainda persiste. Mas o que nos interessa aqui não são os padrões e desenhos acabados, mas o uso de anéis e círculos nesses desenhos, que demonstram um simbolismo circular, e também vários relatos de misteriosas luminosidades associadas com a formação dos círculos nas plantações.

Algumas pessoas já tentaram fazer ligações com as estranhas luminosidades associadas com os círculos nas plantações e os Óvnis. Isso pode ou não estar correto, mas nos parece que os relatos em geral sugerem um fenômeno luminoso que tem mais em comum com luzes terrestres, relâmpagos globulares ou com concentrações órbicas menores de energia plasmática, que já investigamos com relação à nossas luminosidades. As luzes dos círculos nas plantações já foram descritas de várias maneiras: branco-brilhantes, amarelas, vermelhas e alaranjadas; até roxas – de modo muito semelhante às energias plasmáticas.

Como nos relatos sobre outras luminosidades feitos ao longo da história, dizem que as luzes dos círculos nas plantações aparecem do nada, faíscam, circulam e se agitam no ar. Isso se assemelha a muitos outros relatos sobre o modo como as fadas e as luzes fantasmagóricas supostamente se comportam. Pegue alguns relatos de luzes estranhas sobre campos, fora do contexto dos círculos nas plantações, e eles parecerão surpreendentemente semelhantes a outros fenômenos luminosos que mencionamos. E, assim como outras luminosidades, dizem que as luzes dos círculos nas plantações costumam surgir repentinamente e desaparecer em seguida. Como as fadas das lendas, elas desaparecem num piscar de olhos.

Às vezes os avistamentos de luzes em círculos nas plantações são acompanhados de chilreios, zumbidos ou sons de arremetidas. Elas foram capturadas por filmadoras e os sons gravados. Seja lá o que se pense que está por trás disso tudo, existe pouca dúvida de que misteriosas luminosidades de algum tipo estão associadas às formações dos círculos nas plantações. E vale a pena mencionar que, nos círculos nas plantações legítimos, foi provado cientificamente que os nós dos caules das plantas dentro dos círculos são afetados fisicamente. Nesses casos, as sementes são energizadas e crescem em torno de cinco vezes mais do que o ritmo normal. Mas mesmo sem tais provas biológicas, as forças necessárias para produzir desenhos complexos como os apresentados nesses círculos teriam que ser tanto sutis quanto precisas. Muitos dos principais pesquisadores acham provável que essa força seja eletromagnética. Existem pesquisas, inclusive, que levaram alguns a constatar que a energia plasmática pode ser responsável por criar as mudanças celulares nas plantas no interior dos círculos. Haveria uma ligação com as concentrações de energia plasmática produzidas eletricamente que supostamente criam os relâmpagos globulares e causam a autofluorescência dos orbes e de outras luminosidades?

Não se sabe ainda que tipo de energia é responsável pelos círculos nas plantações e pelas luminosidades, nem se existe uma ligação entre esses dois fenômenos. Mas as nossas pesquisas nos levam a crer que existe sem dúvida uma ligação no nível da consciência; provavelmente até uma ligação espiritual com todos aqueles símbolos da Unidade, sejam eles manifestados em mandalas, em círculos nas plantações ou nas luminosidades. E pode ser possível que todos esses símbolos circulares externos sejam até, como as mandalas de Jung, um mecanismo de conexão sincrônico entre a consciência pessoal e uma consciência superior.

No que tange ao nosso fenômeno, pelo menos agora tínhamos algumas ligações possíveis entre as Luzes Transientes visíveis de Katie, os orbes fotografáveis, as concentrações de energia plasmática e o comportamento aparentemente intencional de algumas luminosidades. Foi nesse ponto que aconteceu algo que nos levou a pensar em outra possibilidade. Será que essas mesmas luminosidades também poderiam ser um elo entre os sonhos e a realidade?

## A LEMBRANÇA DE UM SONHO

Muitas coisas podem despertar inesperadamente uma lembrança. Às vezes uma paisagem, um som ou um aroma podem nos transportar instantaneamente de volta ao passado, trazendo à tona uma memória de maneira tão vívida como se fosse verdadeira. Durante um instante podemos reviver toda a emoção de um acontecimento do passado. Isso aconteceu com Katie quando, numa noite, ela fotografou uma luminosidade excepcionalmente grande no jardim. (Foto 29)

Foi em 2004, num dos finais de semana em que a amiga dela, Wendy, estava se hospedando em nossa casa. Wendy sabia alguma coisa sobre as estranhas luminosidades que estávamos fotografando na propriedade e tinha trazido uma câmera digital para tentar fotografar também. De fato, ela conseguiu algumas fotos de orbes nesse final de semana. Mas uma imagem, em particular, chamou a nossa atenção. (Foto 30) Essa foto mostrava algo como um grande globo enfumaçado entre Katie e Wendy. Todos estudamos a imagem. Wendy achou que ele se parecia com um planeta, mas para Katie o orbe enfumaçado, com seu vapor espiralado, instantaneamente a fez se lembrar de um sonho que tivera muitos anos antes, o que a deixou preocupada por alguns dias. Depois de uma conversa que tivemos posteriormente, eu soube que durante a sua primeira gravidez, Katie tinha tido um sonho perturbador e recorrente.

No sonho, ela estava nos estágios normais de gravidez, fazendo as coisas de sempre, como andar na rua, ir às compras, ir à praia ou ao jardim. Mas onde quer que ela fosse, sempre havia atrás de si uma grande bolha enfumaçada, quase transparente. Ela não pensava nesse antigo sonho havia anos, até ver essa luminosidade particularmente grande entre ela e Wendy. Ela se lembrou instantaneamente da grande luminosidade que, no sonho, parecia ter meio metro de diâmetro e ficava sempre atrás dela, flutuando a um metro do chão, a alguns metros de distância. No so-

nho, a impressão era a de que Katie não podia fugir dela. Se virava uma esquina ou corria, ao olhar para trás, lá estava ela atrás de si, à mesma distância. Se dava meia-volta para encará-la de frente, a luminosidade no mesmo instante aparecia atrás dela, à mesma distância. Sequer uma vez a bolha semelhante a uma luminosidade apareceu diante dela. Ou a tocou. No sonho, ela estava sempre numa situação que não podia mudar. Infelizmente, esse sonho simbólico se revelou profético, pois Katie mais tarde sofreu um aborto e perdeu seu primeiro filho.

Felizmente Katie ficou mais curiosa do que perturbada com relação a essa imagem, pois já tinha aceitado essa perda muito tempo antes e tivera dois filhos saudáveis depois disso. No entanto, a imagem lhe abriu outra linha de investigação.

Será que o sonho tinha sido algo do seu próprio subconsciente que a estava preparando para o que estava por vir? E, no presente, será que as lembranças despertadas pela fotografia seriam uma indicação de que as luminosidades eram algum tipo de ligação com a consciência humana? Se isso fosse verdade, qual seria o propósito?

O fato de os fenômenos paranormais em geral, e o nosso em particular, mostrarem um elevado grau de sincronicidade com as pessoas envolvidas parecia digno de uma investigação mais cuidadosa. Muitas pessoas têm sonhos significativos ou proféticos. A maioria do seu conteúdo ou é pessoal e mundano ou inócuo, mas sonhos que trazem presságios não são incomuns. Esse fato por si já é uma indicação de que a consciência não está confinada no interior do crânio humano, mas pode estar ligada a uma realidade externa mais ampla.

(Analisaremos mais a fundo a questão da consciência e da realidade posteriormente neste livro.)

De acordo com as pesquisas sobre sonhos, encontros em sonhos com luminosidade e esferas semelhantes a orbes, como o que Katie teve, não são incomuns. O aspecto que Katie achou mais digno de nota nas circunstâncias foi o fato de o seu sonho ser profético. Mas se os sonhos, como dizem os psicólogos ortodoxos, nada mais são do que a imaginação inconsciente impulsionada pelo estímulo aleatório de neurônios, as possibilidades de um sonho não ter nenhum tipo de significado na vida real, fora da mente de quem sonha, seriam realmente astronômicas!

Mas não importa o que os céticos possam dizer, o fato é que pessoas do mundo todo sonham com símbolos circulares, têm sonhos proféticos e esses sonhos têm significado. Nem o maior dos céticos conseguiu convencer Jung de que os sonhos não tinham nenhuma importância; e quando ele disse, "Se ninguém duvida da importância da experiência consciente, por que deveríamos duvidar do significado dos acontecimentos inconscientes?"

Às vezes os sonhos têm um significado estranho e perturbador. O sonho de Katie e o de Niels Bohr, embora totalmente diferentes, tinham certas características em comum: ambos continham símbolos esféricos e tiveram uma relevância sincrônica com acontecimentos da vida real. Não importa o que os outros pensem dos sonhos e do simbolismo; nós acreditávamos que os nossos orbes e luminosidades eram parte de algo que estava definitivamente conectado à consciência humana.

Círculos e esferas são uma parte integral da nossa existência em praticamente todos os níveis, pois são estruturas fundamentais no universo físico, figuras geométricas ao longo de toda a história e símbolos no subconsciente humano. Não vivemos um dia sem nos deparar com círculos e esferas. Eles estão em toda parte!

A título de experiência, tente contar o número de círculos e esferas que você encontra diariamente, na sua casa e no trabalho, na rua – em qualquer lugar que vá. Observe cuidadosamente e você ficará impressionado ao ver o quanto da sua vida é constituído de formas circulares ou está ligado a elas.

Leonardo da Vinci tinha um grande interesse por símbolos e pela geometria sagrada; em seus bem conhecidos desenhos das proporções do homem vitruviano, ele colocou a figura de um homem com os braços abertos no centro de um círculo. (Figura F)

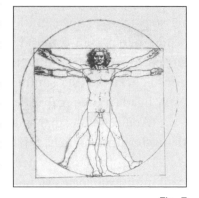

Fig. F

Será que é aí que todos nós sempre estamos? No centro do círculo da nossa própria vida, girando a roda das experiências rumo à Unidade dentro de nós mesmo?

**Ângulos críticos:**

Pergunta: Os círculos e as esferas são símbolos recorrentes na natureza, nos sonhos e nas expressões da consciência humana?

Resposta: Sim.

Pergunta: A presença de círculos ou esferas nos sonhos que se relacionam diretamente com a realidade pessoal e incluem círculos ou esferas indicam que, nesses casos, eles podem ser um elo de ligação entre os estados consciente e inconsciente?

Resposta: Sim.

CAPÍTULO 10

# *Contatos imediatos com luminosidades*

"Se o mundo à nossa volta é um mundo de acontecimentos e informações, as manifestações simbólicas que cercam os relatos de Óvnis deveriam ser vistos como um fato importante."

Jacques Vallee

Luminosidades, Óvnis e fenômenos paranormais em geral não são muito bem explicados no contexto das visões ortodoxas da ciência e da física.

Quanto às nossas luminosidades, não tínhamos respostas prontas, mas parecia bem provável que, como tudo mais, elas tinham algum tipo de *modus operandi* que as conectava com a nossa realidade. Nenhum fenômeno, paranormal ou não, acontece de maneira autônoma do ambiente ao seu redor. Qualquer coisa que aconteça na nossa realidade está evidentemente ligada a ela em algum nível, mesmo que de modo transitório. Por isso, era ao menos possível que algo que já conhecêssemos, os princípios familiares e fundamentais que compõem a nossa realidade diária, pudesse esclarecer alguma coisa sobre os orbes e luminosidade.

A teoria do plasma, à primeira vista, parecia explicar a física de tudo aquilo. Contudo, à medida que pesquisávamos o assunto num contexto mais amplo, começamos a perceber que, embora a teoria do plasma eletricamente carregado parecesse se ajustar aos aspectos físicos básicos, ela não explicava o fenômeno de maneira completa. Em especial quando as luminosidades pareciam agir com intenção deliberada, como na noite em que fotografamos uma sala cheia de orbes em resposta ao comentário do irmão de Katie. Essa não foi a única vez em que as luminosidades se comportaram como se estivessem interagindo deliberadamente

conosco; por exemplo, como mostra a Foto 4, em que estou olhando para cima, na direção certa, justo no momento em que Katie por acaso fotografou orbes. Seria coincidência?

Além do mais, as nossas experiências incluíam muitos casos em que as luminosidades pareciam agir com um propósito, e não simplesmente por obra do acaso.

Uma noite, ao ar livre, elas se alinharam como se estivessem posando para a foto. (Foto 31) Coincidência outra vez?

Quando começamos a fotografar orbes e não tínhamos certeza ainda de que não se tratava de um efeito de luz nas lentes, dissemos a nós mesmos que só acreditaríamos que eles eram mesmo orbes se aparecessem atrás de alguma coisa. E isso aconteceu, como mencionamos no Capítulo 5 e mostramos nas fotos 3, 21 e 22.

Como afirmei no Capítulo 3, ficamos curiosos para saber se os gatos podiam ver as luminosidades e, então, começamos a tirar fotos dos gatos olhando como se estivessem de fato vendo alguma coisa. (Fotos 13, 14 e 15) Seria mais uma vez coincidência? Não é o que pensamos. Às vezes parecia que os orbes estavam brincando de esconde-esconde conosco, aparecendo aqui e ali como que numa brincadeira. (Fotos 32 e 33)

Observe a Foto 6 outra vez. Um orbe está próximo ao relógio e outro está entre duas placas na parede. Estariam eles imitando os nossos ornamentos? Se fossem humanos, eu suspeitaria que eles aparentam senso de humor em algumas ocasiões!

Como a maioria das pessoas criativas, quando fotografamos algo,

inconscientemente enquadramos a imagem, pensando na foto como um todo. Embora no caso dos orbes tiremos as fotos sem na verdade ver coisa alguma, as luminosidades muitas vezes aparecem no centro da foto, como se estivessem posando. Às vezes temos a nítida impressão de que elas querem ser fotografadas! (Fotos 34 e 35)

Claro que não somos as únicas pessoas que viram ou fotografaram luminosidades. Enquanto escrevíamos este livro, tivemos oportunidade de falar com várias pessoas e examinar as experiências delas com estranhas e misteriosas luminosidades.

**AVISTAMENTOS DE LUMINOSIDADES ESTRANHAS**

Uma dessas experiências aconteceu alguns anos atrás com dois amigos nossos, que estavam jantando em casa uma noite, quando foram surpreendidos por uma bola de luz que de repente apareceu e rodopiou no ar sobre a mesa antes de sair pelas portas do pátio.

Eles ficaram impressionados com a experiência, mas não faziam ideia do que ela significava.

Uma mulher de Yorkshire contou que uma vez tinha visto, extasiada, pela janela do seu quarto, o que descreveu como uma língua de fogo sobre a maçaneta da porta da casa que ficava exatamente do outro lado da rua. Ela também não tinha ideia do que significava aquilo.

Mas as aparições de luminosidades não são casos isolados; às vezes são fenômenos recorrentes cujo aparecimento frequentemente está associado a certos lugares.

Descobrimos que, durante certa época, as luminosidades eram um fenômeno tão frequente que praticamente todos os condados das Ilhas Britânicas têm um termo próprio, no dialeto local, para designar os estranhos fenômenos luminosos recorrentes que passaram a fazer parte do folclore da região.

Por exemplo, em South Yorkshire, essas luminosidades eram chamadas de "Peggy wi't lantern" e, no País de Gales, "Corpse candles". E, embora não sejam mais usados, os termos "Will-o-the-wisp" e "Jack-o-lantern" eram muito usados no século XIX na Grã-Bretanha para descrever essas estranhas luminosidades. Em outros países, esse fenômeno também tem uma história e é descrito por nomes regionais parecidos. Na Alemanha, por exemplo, as luminosidades são conhecidas como "Irrlichtern", que significa luzes errantes, e na Suécia, como "Lyktgubbe", cujo significado é lanterneiro. Em 1907, alguém até fotografou um deles voando pelo Jardim Zoológico de Basle, na Suíça. (Foto 36M)

Naturalmente, tentava-se explicar essas estranhas luzes em termos de gases dos pântanos (fogo-fátuo), bolsões de metano ou hidrogênio fosforescente, que, segundo especulavam os cientistas, poderiam dar origem a luminescências espontâneas. No entanto, a maior falha dessa explicação parece ser o fato de que o fósforo nunca é encontrado em estado puro na natureza, e os testes de laboratório até hoje nunca terem conseguido detectar quantidades significativas de fósforo nos gases dos pântanos. De acordo com todas as provas disponíveis, parece que sob condições naturais a teoria dos gases dos pântanos não é muito convincente. No entanto, os cientistas nos garantem que existe a possibilidade de que a ocorrência natural de alguns dos ainda desconhecidos biogases autoiluminantes possa ser explicada por esses casos desconcertantes e não científicos de luminosidades.

Quanto mais procurávamos exemplos de relâmpagos globulares e outras luminosidades, mais sentíamos que havia uma ligação com o que estávamos vivenciando. E parecia bem razoável na época pressupor que tanto os orbes quanto os relâmpagos globulares eram concentrações plasmáticas. Mas, mesmo que isso fosse verdade, ainda não explicava os diversos relatos de testemunhas que, ao longo dos anos, descreviam relâmpagos globulares e luminosidades realizando movimentos complexos, dançando ou saltando sobre cercas-vivas, ascendendo no ar ou deslizando contra o vento. Ainda mais interessante é o fato de que, ao longo dos anos, surgiram muitos relatos de luminosidades afastando-se de alguém que se aproximava delas ou seguindo uma pessoa que tentava se afastar.

Como ilustram os casos a seguir, as luminosidades pareciam mostrar uma intenção.

No início do século XX, duas pessoas que caminhavam nas proximidades do Lake District Fell, voltavam pelo campo em direção a Keswick, passando pelo círculo de pedra de Castlerigg, quando viram várias esferas luminosas brancas flutuando em torno e acima do círculo. Enquanto observavam essa impressionante ocorrência, uma das luzes se afastou das outras e se aproximou das pessoas. Antes que as alcançasse, ela foi enfraquecendo como se tivesse ficado sem energia.

No seu livro *Uninvited Visitors*, Ivan T. Sanderson relata um caso parecido.

Durante a Segunda Guerra Mundial, algumas tropas britânicas estacionaram na Ilha de Curaçau, onde marcharam a noite toda pela estrada que as levaria até o quartel, nas proximidades de uma refinaria de petróleo que tinham a missão de proteger. De repente, do céu desceu uma esfera de tonalidade verde-pavão luminescente, de meio metro de diâmetro. Aterrissando em frente aos soldados, ela pareceu saltar pela estrada diante deles. Recuperado do susto, um oficial rapidamente ordenou que alguns homens a capturassem, mas a esfera fugiu sem dificuldade e entrou numa grande galeria de escoamento. Tropas foram enviadas até a outra extremidade da galeria, mas infelizmente não foram rápidas o suficiente. A luminosidade se afastou delas sem dificuldade, flutuando no céu até desaparecer.

Durante a Segunda Guerra, fenômenos aéreos misteriosos, apelidados de "Foo Fighters" pelos aviadores, eram uma ocorrência comum.

Embora os "Foo Fighters" fossem sempre associados a Óvnis, parece possível que alguns desses relatos possam na verdade ser sobre luminosidades semelhantes aos relâmpagos globulares. Eles também apareceram nas guerras da Coreia e do Vietnã; e em todos esses conflitos aéreos os Foo Fighters foram frequentemente avistados por homens de ambos os lados, tanto por pilotos de caças quanto pelas tripulações de bombardeiros. Pilotos britânicos, americanos, alemães e japoneses foram atormentados da mesma maneira por esse fenômeno.

Os Foo Fighters também eram conhecidos como Foo Balls, Kraut Fireballs ou Fireball Fighters, termos descritivos que parecem evocar a aparência de um relâmpago globular. Eles também foram descritos como bolas ou esferas incandescentes, às vezes na forma de discos, mas na maioria das vezes no formato de uma bola cujo diâmetro ia de 30 centímetros a quase um metro, geralmente de cor alaranjada ou branca.

Eles eram chamados de Foo Fighters devido a um trocadilho feito na história em quadrinhos popular da época chamada "Smokey Stover". Nesses quadrinhos, a palavra francesa "feu" [fogo] foi traduzida como "onde há foo, há fogo". Os Foo Fighters não eram detectados pelo radar e as tentativas dos pilotos de desviar dessas luminosidades geralmente eram inúteis. Normalmente voando em formação, as Foo Balls seguiam de perto as esquadrilhas de bombardeiros e os caças. Muitas vezes acompanhavam uma aeronave de volta para a base. Outras vezes se aproximavam de uma aeronave em alta velocidade, circulavam-na ou seguiam-na de perto e depois voavam para longe. Além da ideia dos Óvnis, nunca houve nenhuma explicação satisfatória para os Foo Fighters. Embora não descartemos a validade da teoria dos Óvnis, como aeronaves com propósito desconhecido controladas por vida inteligente, é interessante observar que os avistamentos e o comportamento relatados de alguns Óvnis são coerentes com o conceito de grandes concentrações plasmáticas impulsionadas eletricamente, como os relâmpagos globulares.

Algum tempo atrás tive a oportunidade de conversar com um homem que foi piloto de testes. Perguntei-lhe se já havia visto um Óvni e ele educadamente evitou o assunto, dizendo que a coisa mais estranha que já tinha visto acontecera quando estava testando uma nova aeronave.

Toda a fuselagem tinha sido retirada e mantidos apenas os instrumentos necessários. Junto com dois engenheiros e outro piloto, ele estava ocupado com suas tarefas quando de repente uma bola luminosa de tonalidade azul, do tamanho de uma bola de praia, entrou no avião através da fuselagem perto da cauda. Para total espanto da tripulação, ela deslizou pelo avião, para cima e para baixo, por alguns minutos; depois fez o caminho contrário e saiu do avião quase pelo mesmo lugar que entrara. Ele não tinha ideia do que poderia ter sido.

Outro exemplo de uma estranha luminosidade que se aproximou demais foi o caso do senhor Terry Pell, que, um dia de manhã bem cedo, enquanto dirigia seu caminhão em direção a Warminster, em Wiltshire, na Inglaterra, viu uma grande bola de luz avançar em sua direção e se prender no para-brisa. Quando ele afundou o pé no breque, a mulher e a filha acordaram a tempo de ver a luminosidade subindo em direção ao céu. Esse incidente está documentado no livro de Arthur Shuttlewood, *The Warminster Mystery*.

Luminosidades como orbes, esferas e bolas de luz voadoras são fenômenos muitas vezes relatados pelos investigadores de Óvnis. Na verdade, tão frequentes quanto os famosos "Foo Fighters" narrados pelos pilotos da Segunda Guerra, as luminosidades semelhantes a esferas também são descritas tanto pelos estudiosos de Óvnis quanto por testemunhas e pessoas abduzidas.

Tony Dodd, o conhecido investigador de Óvnis, afirma que muitos dos seus próprios encontros com bolas de luz misteriosas deixaram poucas dúvidas de que se tratava de seres inteligentes ou fenômenos controlados por seres inteligentes. Ele nos contou sobre uma noite, no pântano de Yorkshire, quando uma grande bola de luz alaranjada deslizou a um metro da sua cabeça. Quando ela passou, ele tentou transmitir-lhe os seus pensamentos, pedindo que fizesse um sinal de que reconhecera a sua presença. A bola imediatamente parou no ar, piscou durante uns três segundos e depois reapareceu. Tomando isso como uma resposta, Tony então pensou na pergunta, "Quem é você?"

Instantaneamente uma mensagem pipocou na mente dele, "Eu sou o pai dos pais e você é o filho dos filhos!" O objeto então deslizou noite adentro, deixando Tony a refletir sobre o significado dessa intrigante resposta.

Outro relato sobre bolas de luz alaranjadas, mas dessa vez bem menores, partiu de dois amigos que viajavam de carro por uma estrada deserta nas montanhas. Era uma noite de fevereiro de 1997, por volta das onze horas, quando de repente uma bola laranja do tamanho de uma toranja voou na direção deles, passou rente ao lado do passageiro e desapareceu pela estrada na direção de onde vinham. Momentos depois, ela ou outra igual a ela surgiu de trás, passou voando pelo lado do motorista e sumiu a distância. Eles mal puderam acreditar no que viram, mas ficaram ainda mais espantados quando outra bola menor surgiu violentamente da escuridão, bateu no teto do carro e se desvaneceu noite adentro. Eles contam que foi como se as bolas de cor laranja estivessem investigando-os por alguma razão desconhecida. Mas, com exceção disso, o resto da viagem aquela noite prosseguiu sem que nada de anormal acontecesse.

Existem inúmeros relatos indicativos de que as luminosidades muitas vezes demonstram curiosidade, como nas ocasiões em que se movimentam de maneira deliberada e exploratória. Às vezes os autores desses relatos também se referem a um forte odor sulfúrico. Em relatos oficiais, elas são muitas vezes classificadas como Óvnis ou alguma forma de relâmpago globular. Mas, nesse último caso, ao contrário das leis da física conhecidas que regem a atividade dos relâmpagos, essas misteriosas esferas quase sempre ignoram totalmente para-raios e condutores à terra. À medida que tomávamos conhecimento de mais relatos, passamos a indagar, "Será que as bolas de plasma realmente se comportam desse jeito?" Com base no que tínhamos descoberto até então, a teoria do plasma certamente não explicava tudo o que fora relatado acerca dos relâmpagos globulares. No entanto, na época me parecia coerente a ideia de que os relâmpagos globulares e os orbes eram, ambos, concentrações de plasma de algum tipo. Contudo, apesar de parecer uma explicação plausível para a física do fenômeno, ela estava muito longe de explicar o seu aspecto responsivo e interativo.

Num dia de verão, Katie e eu nos sentamos na varanda para conversar. Katie não estava convencida de que a teoria do plasma dava todas as respostas. Eu tinha que concordar. Ela certamente não explicava o comportamento aparentemente deliberado.

Aquilo simplesmente não se ajustava à teoria. No entanto, para mim ela ainda era então a explicação que melhor se adequava às propriedades físicas das luminosidades.

Naquela noite, fomos de carro até um belvedere da região e observamos o crepúsculo. Foi um pôr do sol maravilhoso, com raios vermelhos, púrpuras, bronze e dourados pincelando o firmamento. Contemplamos o céu, enquanto múltiplas nuanças de cores tocavam os contornos de nuvens lenticulares – todas tingidas pela luz que viajara 150 milhões de quilômetros em apenas oito minutos para criar outra obra de arte inigualável na atmosfera da Terra. Não surpreende que o pintor Turner tenha se inspirado a reproduzir algo da maravilha que é a luz. Enquanto estávamos sentados ali, pensávamos mais uma vez no nosso fenômeno luminoso.

Avaliando a nossa experiência à luz do que agora sabíamos sobre todo o fenômeno das luminosidades, parecia haver duas similaridades básicas no que dizia respeito ao seu comportamento.

Primeiro: Relâmpagos globulares, orbes e outras luminosidades demonstram, todos eles, características no espectro visível da luz que indicam concentrações plasmáticas movidas a elétrons. De maneira interessante, as cores laranja-avermelhada e branco-azulada, muitas vezes associadas aos Óvnis e aos relâmpagos globulares, são cores características do oxigênio e do nitrogênio ionizados, os elementos básicos do ar! Justamente o tipo de efeito que a energia plasmática produziria.

Segundo: De acordo com os relatos de diversas testemunhas, as luminosidades demonstram comportamento controlado e intencional. Além disso, ao longo dos anos têm surgido muitos relatos independentes de luminosidades que parecem, às vezes, reagir intencionalmente aos movimentos do observador, o que deixa várias testemunhas com a impressão de que elas podem até reagir a estados emocionais. Devido a isso, muitos não podem deixar de pensar nessas luminosidades como algum tipo de entidade consciente.

Agora tínhamos duas possibilidades: a energia plasmática e as luminosidades com consciência. Evidentemente, do ponto de vista de um cético, a última alternativa traria à baila a possibilidade de que as testemunhas tivessem projetado sobre o fenômeno as suas próprias suposições acerca de comportamento inteligente. Todos nós temos as nossas pressuposições acerca das coisas, e é muito fácil para os céticos, que não estavam presentes no momento, simplificar tudo com uma explicação factual, quando na verdade essa é uma opinião derivada de suas próprias pressuposições. Mas o que mais nos interessava não era o que os céticos pensavam daquilo tudo, mas saber se as teorias das energias plasmáticas e da consciência se excluíam mutuamente.

A princípio, eu achava que a noção de plasma contradizia o aspecto comportamental das luminosidades, mas, como Katie observou, a ideia do plasma não excluía o elemento psíquico ou consciente do fenômeno. Só o explicava em termos físicos. Os seres humanos, por exemplo, são em sua maior parte fluidos, mas mesmo assim são entidades conscientes, não apenas máquinas biológicas. Portanto, não era impossível que as concentrações plasmáticas fossem apenas o aspecto físico, ou a assinatura no nosso nível da realidade, de uma forma de vida não material. Afinal de contas, já tínhamos descoberto que até certos tipos de bactéria podem viver dentro de vulcões, em nascentes fervilhantes e em temperaturas abaixo de zero. No início deste novo milênio, estamos todos aprendendo que a vida não é limitada pelos nossos conhecimentos ou concepções obsoletas.

O universo que está se tornando visível para o mundo da pesquisa científica do século XXI está cheio de paradoxos e fenômenos intrigantes. Ele é um universo quântico, onde, por exemplo, você nunca consegue agarrar um elétron! Quanto mais você sabe acerca da sua velocidade, menos sabe acerca da sua posição, e vice-versa. Nada mais é tão certo quanto era no mundo da física newtoniana. Mistérios e probabilidades existem em abundância em todos os recônditos subatômicos. Então por que não seria possível, pelo menos teoricamente, que as nossas luminosidades fossem ao mesmo tempo concentrações de plasma e entidades vivas?!

Nessa tarde ao contemplar o pôr do sol, algo me ocorreu. As nuvens, embora tivessem formatos diferentes, não eram tão diferentes a ponto de serem confundidas com outra coisa que não fosse nuvens. Todas elas compartilhavam os mesmos fatores físicos que as levava a ter o comportamento e a aparência de uma nuvem. O fato de as luminosidades que tínhamos visto, fotografado e pesquisado, embora diferentes em tamanho e cor, serem todas circulares ou esféricas tinha que significar que elas compartilhavam os mesmos princípios físicos que lhes permitiam ser visíveis nessas formas. E, como tínhamos descoberto, formas circulares e esféricas tinham um significado bem definido no espectro total da crença e do simbolismo.

Relatos de todos os tipos de luminosidade eram comuns ao longo da história e muitos deles foram coletados e documentados no milênio passado por Charles Fort, um colecionador de todo tipo de fato estranho, curioso e inexplicável. Depois da morte dele, em 1932, o seu trabalho ficou praticamente esquecido, até que um pequeno grupo de entusiastas formou a Fortean Society. Fort nunca se comprometera com nenhuma explicação para os fenômenos e acontecimentos extraordinários que compilou; antes, sua posição era mais a de quem se senta sobre o muro, mas mantém os dois ouvidos no chão – algo que desafia a maior parte das limitações humanas normais.

Se reduzirmos os fenômenos luminosos, registrados por Fort e por outros, aos seus elementos essenciais, veremos que existem muitas similaridades, exclusivas de cada contexto, que implicam que existe um fato comum por trás de todos eles.

Além do aspecto paranormal das nossas luminosidades, elas também pareciam ligadas ao mundo cotidiano e aos temas e símbolos que a maioria de nós já conhece. Estávamos convencidos de que o simples fato de serem visíveis significava que os orbes e outras luminosidades tinham um mecanismo físico parecido. E levando tudo em consideração, eu ainda sentia que a ideia do plasma seria comprovada, pelo menos no que dizia respeito à física do fenômeno. Como geralmente acontece, a confiança é o sentimento que brota em você antes de realmente entender o problema!

Alguns dias depois, houve uma tempestade com trovoadas e, numa sessão de fotos de poucas horas, todas as minhas ideias anteriores sobre as nossas luminosidades de repente foram para o brejo! Entre as fotos que tiramos depois da tempestade, havia uma que apresentava uma diferença significativa com relação a todas as outras que já havíamos tirado antes.

### Ângulos críticos:

Pergunta: A ideia das concentrações de plasma parece descrever as propriedades físicas das luminosidades?
Resposta: Sim.

Pergunta: O comportamento aparentemente deliberado e cheio de propósito das luminosidades é explicável em termos de uma forma energética plasmática não consciente?
Resposta: Não.

CAPÍTULO 11

# *Fotografando fadas*

"Como a suave e flutuante bruxaria sonora
Que os elfos pronunciam, à tarde,
Quando viajam com a brisa que chega das fadas."
                                        S.T. Coleridge

"E na clareira uma luz era vista de estrelas na sombra cintilando."
                        J.R.R. Tolkien, *O Senhor dos Anéis*

Desde o dia em que havíamos fotografado dois orbes sobre o riacho, passamos a fotografá-los regularmente em todo o jardim. Grandes e pequenos, solitários ou em grupo, na companhia de pessoas ou dos gatos; algumas imagens eram estáticas e outras, em movimento. Agora tínhamos uma coleção bem interessante de imagens dessas misteriosas luminosidades, que não tínhamos apenas fotografado, mas às vezes também visto na forma de fugazes luzes cintilantes. Aquela altura, nós dois acreditávamos que o que tínhamos visto e fotografado consistia no fenômeno inteiro, mas não podíamos estar mais longe da verdade! A primeira revelação foi a imagem inesperada que apareceu numa das fotografias tiradas depois da tempestade elétrica. Tratava-se de algo muito diferente de qualquer luminosidade que já fotografáramos antes.

A nova imagem era algo que nenhum de nós esperava ver! (Foto 36)

Uma das fotografias que tiramos aquela noite, depois da tempestade, mostrava Katie e alguns orbes sob as árvores; no entanto, havia algo mais ali. Próximo a ela, mas num plano mais à frente, havia o que parecia ser algum tipo de forma alada pairando no ar. Era uma imagem im-

pressionante, mas não tínhamos ideia do que se tratava. Tudo o que sabíamos era que, pela primeira vez, tínhamos fotografado algo que definitivamente não era um orbe.

Mas era algo em que se pensar. A imagem sugeria outra coisa. Quando a ampliamos, vimos que de fato ela dava a clara impressão de um ser alado. Fitamos a imagem com total descrença. Veja a ampliação. (Foto 36a)

Além de ser inacreditável e intrigante, a imagem também era levemente perturbadora. Nunca tínhamos fotografado nada parecido antes, mas não havia dúvida, quando a estudamos, de que se tratava de algo de uma familiaridade assustadora. A implicação parecia impossível, mas, quando olhei a estranha imagem, quase senti as concentrações de plasma se dissolvendo em poeira de fadas. Katie e eu nos entreolhamos. Não podia ser – ou será que podia?

Ampliamos a imagem, giramos a foto em várias direções – ela ainda era irritantemente parecida com algo que por acaso tínhamos visto de relance havia alguns anos. Visto de relance, mas não fotografado. Algo que até então nós dois tínhamos quase esquecido. A minha mente fez uma rápida retrospectiva até uma manhã cinco anos antes.

**O QUE VIMOS PELA JANELA**

Naquela manhã, depois que Katie tinha ido para o trabalho, decidi seguir o exemplo dos hobbits e tomar um segundo café da manhã. Eu estava sentado na sala de estar com uma xícara quente na mão e uma torrada quando notei Oscar, o nosso gato amarelo, atravessando o gramado. Será que ele estava perseguindo algo? De repente ele parou e olhou para cima. Alguma coisa esvoaçou das árvores para a borda do gramado. Algo que parecia muito estranho. Saltei da cadeira e olhei pela janela, bem a tempo de vê-la desaparecer sobre a cerca viva e atravessar o riacho em direção aos bosques.

Tudo aconteceu de modo tão rápido e inesperado que mal tive tempo para digerir mentalmente o que vira. O que vi foi uma coisa branca com asas. Era do tamanho de um pardal, mas batia asas como uma borboleta. Poderia ser facilmente confundido com uma borboleta se não fosse o tamanho e o fato de que parecia ter uma aparência esbranquiçada e nebulosa, como algo feito de fumaça ou de uma neblina espessa. Mais tarde, fiz um desenho rápido para mostrar a Katie, quando ela chegasse em casa. (Figura G)

Katie na mesma hora achou que aquilo se parecia ou com uma mariposa ou com uma fada. Ela provavelmente estava certa, mas tratava-se apenas de um desenho e eu só tinha visto a criatura por alguns instantes. Podia ser que não fosse nada, só um efeito de luz. Se fosse de fato algo, o mais provável é que fosse uma grande borboleta tropical que tinha escapado de algum lugar. Eu certamente não estava disposto a acreditar em fadinhas engraçadinhas que usam chapéu de narciso e se sentam sobre cogumelos. Meti o desenho numa gaveta e afastei-o dos meus pensamentos, até que me esqueci dele. Então um dia, alguns meses depois, novamente de manhã cedo, Katie e eu estávamos tomando o café da manhã juntos na sala de estar quando ela, ou coisa semelhante, apareceu novamente. Dessa vez nós dois a vimos e corremos para a janela, quando a criatura voou para longe dos arbustos, atravessou o riacho e se afastou pela trilha que levava aos bosques. Tudo aconteceu tão rápido que não houve tempo para pegarmos a câmera. Nos dois anos seguintes, nós dois vimos a mesma coisa, ou algo bem parecido, duas vezes mais; uma vez no mesmo ponto do jardim e no mesmo horário; e outra vez em torno do meio-dia. No entanto, em nenhuma das ocasiões tivemos tempo para fotografá-la. Para ser realista, a minha explicação da borboleta tropical perdida não mais se aplicava, a menos que as borboletas tropicais fossem brancas, tivessem vida longa e conseguissem sobreviver ao inverno inglês.

Ainda assim, as pessoas veem coisas estranhas e como, depois da última vez, ela nunca mais voltou a aparecer, fizemos o que a maioria das pessoas ocupadas fazem: guardamos o acontecido num compartimento distante da memória e nos esquecemos dela. Nunca mais vimos nada parecido, até contemplar a imagem diante de nós no computador. Parecia uma coincidência perturbadora... talvez coincidência demais!

Olhamos a imagem outra vez. Decididamente não era um pássaro nem um morcego. Não havia pássaros voando à noite e estávamos bem atentos aos morcegos que voavam por perto; sabíamos muito bem como eles eram.

Nós certamente nunca confundiríamos nenhum deles com outra coisa. O que tínhamos fotografado não se parecia com nenhum tipo de criatura alada que alguém esperaria fotografar por acaso no jardim à noite. E quando comparado com a estranha figura que tínhamos visto voando pelo jardim anos antes, a nossa inusitada imagem alada parecia sugerir o impossível. Luminosidades era uma coisa, mas "fadas" no jardim – isso ultrapassava em muito os reinos da probabilidade!

Na noite seguinte, entusiasmados pela ideia de que podia haver algo além de orbes por ali, saímos para tirar algumas fotos no pequeno vale, um lugar que Katie sempre chamara de "Vale das Fadas". Esse nome agora pode parecer apropriado demais para ele, mas ela o chamara assim desde a primeira vez em que o vira, muito antes de descobrirmos qualquer coisa estranha ou começarmos a fotografar orbes. O Vale das Fadas, como já mencionei, é bem próximo do riacho. O freixo no centro do vale tinha obviamente sido plantado dentro dos restos cobertos de musgo de uma antiga árvore, talvez um freixo também, como costumam fazer as pessoas que gostam das árvores. E o círculo de plantas medicinais ao seu redor fora plantado ali por algum jardineiro há muito esquecido. Muitas vezes nos perguntamos quem seria, e se essa pessoa já tinha visto alguma vez estranhas luminosidades voando pelos arbustos ou acompanhando-a nas caminhadas pelos bosques.

Em março o círculo em torno do freixo do Vale das Fadas fica coberto de narcisos-silvestres amarelos brilhantes. O vale realmente tem um encantamento todo seu; os nossos gatos gostam muito dessa área em particular. Será que pelo fato de o vale estar tão próximo ao riacho, os íons

FOTOGRAFANDO FADAS • 97

Originais coloridos das fotografias anteriores em preto e branco.

Foto 7. Sala cheia de orbes.

Foto 15. Os orbes e Oscar.

Foto 35. Luminosidade alaranjada.

Foto 36. Primeira forma alada.

Originais coloridos das fotografias anteriores em preto e branco.

Foto 43 A. Imagem ampliada.

Foto 45. Luminosidade esférica.

Foto 46 D. Haste de luz.

Foto 49 A. Constelação.

Originais coloridos das fotografias anteriores em preto e branco.

Foto 57. Ser de luz.

Originais coloridos das fotografias anteriores em preto e branco.

Foto 62. Aparição durante cerimônia na água.

Originais coloridos das fotografias anteriores em preto e branco.

Foto CP1. Caminhada no bosque, primavera de 2004.

Fotografias coloridas extras.

Foto CP2. Formas luminosas em movimento.

Foto CP3. Estranha luminosidade.

Foto CP4. Gato curioso.

Foto CP5. Orbes no céu.

Fotografias coloridas extras.

Foto CP6. Formas luminosas etéricas.

Fotografias coloridas extras.

Foto CP7. Aparição alada.

têm um efeito agradável sobre todos os que ali se encontram? Em qualquer situação, o pequeno vale dá a sensação de ser um lugar particularmente salutar – se é que podemos nos pautar em sensações. No Vale das Fadas tínhamos fotografado um bom número de orbes e esse era um lugar onde sempre podíamos contar com boas fotos, mesmo quando os fugidios orbes não estavam aparecendo em nenhum outro lugar do jardim.

Depois de fotografar a estranha imagem semelhante a uma fada, Katie ficou tão entusiasmada e otimista que eu também não pude deixar de sentir uma certa expectativa com relação às nossas chances de ver outra entidade alada no jardim. E quase como se a coisa toda, como em Sonho de uma Noite de Verão, tivesse sido planejada por Oberon, foi exatamente o que aconteceu! Nessa mesma noite, Katie tirou a nossa segunda foto de uma forma alada. Desta vez, como era de se esperar, no Vale das Fadas. (Foto 37)

Como muitas das nossas fotos de orbes, essa foi tirada ao anoitecer. Estimulada pelo seu sucesso, Katie estava mais disposta do que nunca a sair pelo jardim e pelos bosques ao cair da noite, para tentarmos a sorte. Afinal, de fato parecia que o mesmo princípio aplicado para fotografar orbes no jardim agora também se aplicava à fotografia das Fadas (ou seja, não tínhamos fotografado nem um único orbe até que os dois primeiros apareceram sobre o riacho; depois disso nós os encontramos em todos os lugares)! No entanto, não querendo inicialmente abusar da sorte, nós

chamávamos as fadas simplesmente de "seres alados", o que parecia descrever satisfatoriamente o fenômeno.

Quando saíamos ao ar livre com a câmera, geralmente fazíamos o mesmo trajeto pelo jardim, primeiro cruzando a pequena ponte de madeira e depois parando no Vale das Fadas. Dali perambulávamos pela orla dos bosques, cruzávamos o riacho novamente por outra pontezinha nas proximidades da cerejeira-silvestre e seguíamos pela margem até a extremidade do jardim, voltando para casa pela trilha.

No que dizia respeito às nossas imagens de fadas, inicialmente não excluímos as causas naturais, mas depois de eliminar a possibilidade de que fossem pássaros ou morcegos, passamos a nos perguntar se poderia haver outra causa natural para as nossas imagens aladas. A última possibilidade pareciam ser as mariposas.

Para satisfazer a nossa curiosidade a tal respeito, tentamos fotografar mariposas – isso não foi fácil e, quando conseguimos, elas provaram não ser nada parecidas com a imagem da Foto 36. Pareciam ser exatamente o que eram – mariposas. Mas não se paute apenas pelas nossas palavras. Tente você mesmo e verá que existe uma grande diferença entre fotos de fenômenos naturais, como pólen, chuva, insetos, pássaros, morcegos, mariposas, etc., e qualquer imagem que você possa capturar de luminosidades autênticas ou criaturas aladas. Pois não acreditamos que isso só aconteça conosco. Esse fenômeno ocorre em todos os lugares.

No entanto, foi a aparência das criaturas aladas semelhantes a fadas que nos fez a princípio perceber que podíamos estar diante de um fenômeno em desenvolvimento, que, embora totalmente diferente dos orbes que tínhamos encontrado antes, podia ser uma extensão ou forma mais complexa de luminosidade. Parecia uma suposição plausível, especialmente porque, depois de termos fotografado nossa primeira criatura alada, passamos a fotografar com regularidade imagens de formas semelhantes a fadas, muitas vezes em companhia dos orbes nossos velhos conhecidos.

E agora, quando Katie tinha a chance de ver uma ou duas das suas luzes e tirávamos fotos naquela direção, além das luminosidades, também víamos muitas vezes o fenômeno das supostas fadas. Isso confirmava que tanto as luminosidades quanto as nossas "criaturas aladas" estavam provavelmente ligadas, de algum modo, às luzes transientes visíveis (LTV).

Se você é uma daquelas pessoas que não veem LTVs naturalmente, saiba que entrar em sintonia com elas é como tentar ver uma daquelas imagens gráficas cuja visualização só é possível se você deixar os olhos fora de foco. Você precisa olhar de uma maneira diferente, quase como se não estivesse olhando; como tentar ver além ou entre o mundo tridimensional à nossa frente.

Depois que pegar o jeito, e isso varia de pessoa para pessoa, você vai perceber que começará a ver LTVs com mais frequência.

Embora as fotografias das LTVs às vezes possam produzir resultados insólitos, uma imagem, por exemplo, na qual nós dois vislumbramos uma

breve centelha, mostra uma luz dançarina justamente no mesmo lugar. Não era uma forma alada, mas tampouco se tratava de um orbe. (Foto 38)

Uma das minhas fotos tiradas com a Pentax nessa mesma noite mostra uma luz alada bem nítida sobre a cabeça de Katie enquanto ela estava de cócoras sobre a segunda pontezinha, para tirar uma foto. (Foto 39)

Algumas das fotos de fadas pareciam capturar uma imagem em movimento e outras – como a tirada ao entardecer, enquanto passeávamos pela trilha do bosque (Foto 40) – pareciam em processo de mudança de forma.

Era um orbe, uma "fada" ou o quê?

Fosse o que fosse, parecia estar se movendo num ritmo acelerado. Mesmo assim, conseguimos fotografá-lo. Na verdade, embora estivesse se movendo horizontalmente, essa não foi a primeira luminosidade que fotografamos ao ar livre que dava a impressão de deixar um rastro. Um exemplo disso é a foto que mostra vários elementos que parecem em movimento. (Foto 41)

Será que essas luminosidades estariam se transformando em fadas?

Como fotografávamos cada vez mais criaturas aladas, havia obviamente uma clara ligação entre elas e os orbes, nossos velhos conhecidos. Muitas vezes, ambos apareciam na mesma foto.

Como os orbes, as formas aladas pareciam às vezes perceber, com um jeito travesso, as oportunidades de sair nas fotos. Como os orbes, elas também surgiam muitas vezes perto das pessoas e pareciam mais brilhantes quando estavam próximas a seres vivos.

A Foto 42 mostra tanto um orbe quanto duas criaturas aladas sobre Katie.

Quanto mais fotos tirávamos, mais nos convencíamos de que as formas aladas consistiam no mesmo fenômeno que os orbes, apenas com uma configuração diferente. As "fadas" pareciam se ajustar à teoria das luminosidades, mas eram totalmente contrárias à ideia de que orbes e luminosidades eram concentrações de plasma.

Para nós, que fomos criados dentro da perspectiva científica corrente, temas como viagem no tempo, outras dimensões e alienígenas costumam parecer muito mais dignos de crédito do que fadas e duendes. Essas entidades geralmente são personagens de histórias infantis ou parte de uma visão de mundo há muito desacreditada pelo racionalismo científico.

Por um momento cogitamos se, em vista disso, deveríamos nos manter calados sobre a questão das fadas. No século XXI, pessoas que dizem ver fadas no fundo do jardim são muitas vezes encaradas com suspeita, como pessoas excêntricas ou embusteiras. Mesmo assim não podíamos negar o que havíamos visto e fotografado, por mais inconveniente que isso pudesse ser para a nossa credibilidade. No entanto, ainda não tínhamos uma noção clara do que estávamos fotografando. Quando refletíamos sobre a coisa toda, dois fatores principais pareciam ligar as luminosidades e as criaturas aladas:

Primeiro: Podíamos fotografar ambas consistentemente, e

Segundo: O Fenômeno das Luzinhas Transientes era relevante para os dois fenômenos. Havia obviamente uma ligação. Mas qual era?

À medida que pesquisávamos vários materiais que poderiam oferecer pistas ou possibilidades, soubemos da visão, expressa por alguns escritores sobre o assunto, de que o fenômeno dos Óvnis e de entidades associadas tinha semelhanças com antigos contos folclóricos sobre elfos e fadas. Certamente parecia haver certos paralelos com entidades alienígenas e antigos relatos de encontros com fadas, especialmente em termos de perda da noção do tempo e aspectos maléficos. No entanto, até onde sabíamos, nunca tínhamos perdido a noção do tempo e o nosso fenômeno nunca tinha demonstrado nenhum tipo de malevolência; muito pelo contrário, ele sempre nos parecera amigável e espirituoso.

No que nos dizia respeito, não tínhamos nenhuma indicação de que o nosso fenômeno tivesse alguma ligação com Óvnis e alienígenas, mas começamos a ficar curiosos para saber se de fato poderia haver algum fundo de verdade no conceito de um mundo elemental de duendes e fadas.

**Ângulos críticos:**

Pergunta: A aparição de formas aladas semelhantes a fadas é explicável em termos de concentrações de plasma, como acontece com os orbes e outras luminosidades?

Resposta: Não.

Pergunta: O fato de que tanto as luminosidades quanto as formas aladas, embora diferentes em sua estrutura, sejam às vezes visíveis como o Fenômeno das Luzes Transientes indica que existe uma ligação entre eles?

Resposta: Sim.

CAPÍTULO 12

# As fadas e o gato na janela

"Existem muitos mundos ou haverá apenas um só?"
Albertus Magnus, século XIII

"Das fadas, e dos tentadores da noite, guarde-me, eu imploro."
Shakespeare

Muitas e diversas são as razões para a crença bastante difundida nas fadas. Acredita-se que sejam anjos caídos, espíritos dos mortos, elementais, seres de outra dimensão, memórias de pessoas esquecidas, até bebês não batizados. O reino das fadas sem dúvida inspirou diversos artistas, como Henry Fuseli, que tão bem retratou Oberon e Titânia de Shakespeare, na década de 1760; e o pintor vitoriano Richard Dadd, que passou grande parte da vida trancafiado em Bedlam, onde pintou a sua visão do mundo miniaturizado das fadas. A sua detalhada pintura de um lenhador do reino das fadas, prestes a golpear uma castanha, está exposta na Tate Gallery, em Londres.

Em algumas histórias, as fadas se instalam em lareiras e o ilustrador do século XIX James Nasmyth desenhou um estudo bem conhecido de minúsculas fadas sem asas reunidas em torno do fogo. Tradicionalmente, os melhores horários para se ver fadas são o crepúsculo e a meia-noite quando a Lua está cheia, temas refletidos nas obras de outro pintor vitoriano de fadas Richard Doyle. E, sem dúvida, a maioria das pessoas conhece as encantadoras ilustrações de fadas, duendes e góblins feitas pelo ilustrador do século XIX Arthur Rackham. E mais recentemente o reino das Fadas inspirou uma preciosa coleção de livros de entretenimento como *Pressed Fairy Book*, de Brian Froud, e a obra de arte imaginativa e evocativa de ilustradores como Charles Vess.

Contudo, para algumas pessoas, as fadas são mais do que temas para a arte imaginativa. No movimento da Nova Era atualmente, muitos levam bem a sério a ideia das Fadas e dos seus reinos congêneres de Anjos e elementais (espíritos da natureza).

Como já foi mencionado, o criador de Sherlock Holmes também levava a ideia das fadas a sério e foi por intermédio dele que o caso das Fadas de Cottingley veio a público. Embora tenha dado essa impressão, sir Arthur Conan Doyle, ao contrário dos seus famosos detetives, Holmes e Watson, na verdade não investigou os fatos pessoalmente. Ele acreditou piamente no relato das duas meninas, não fez perguntas e usou *slides* das fotos das fadas em suas conferências, como prova da sua crença na existência de tais entes. Elsie e Frances, as garotas em questão, afirmavam ter visto fadas, ou alguma coisa que interpretaram como fadas, no vale de Cottingley – mas será que elas realmente as fotografaram? A verdade exata com relação a esse caso ainda está sob discussão, mas em hipótese alguma as fotografias de Cottingley podem ser usadas como prova da existência das fadas. São muitos os pontos de interrogação que ainda restam com relação a todo o episódio.

Mesmo assim, a ideia de duas meninas fotografarem fadas é algo que atrai simpatia, tanto que dois filmes inspirados nas fadas de Cottingley foram rodados no intervalo de alguns anos.

O primeiro, mais fantasioso, foi *Photographing Fairies**, de 1997, e depois, em 1998, *Fairy Tale**, vagamente baseado na história de Elsie e Francis, e que teve sua estreia inglesa em Bradford. Mas seja qual for a natureza exata das Fadas de Cottingley, nós ainda tínhamos o nosso próprio fenômeno para investigar e tentar chegar a algum tipo de explicação.

Excluindo as ideias vitorianas exageradamente românticas das fadas e as Fadas das Flores, de Cicely Mary Barker, muito populares na década de 40, seria concebível que de fato houvesse algo real por trás dos antigos contos e lendas de fadas?

Será que algum deles poderia lançar alguma luz sobre o que tínhamos visto e fotografado no século XXI?

---

* No Brasil, *Caçador de Sonhos*.
* No Brasil, O *Encanto das Fadas*.

Segundo os historiadores, é possível identificar as raízes históricas mais prováveis da maioria das descrições místicas e folclóricas do povo das fadas feitas ao longo das eras. Grande parte dos espíritos da natureza e das fadas, por exemplo, supostamente derivam de deuses e deusas pré-cristãos ou de conceitos pagãos sobre espíritos das águas e das árvores.

Nos tempos medievais, havia uma crença comum de que as fadas eram elementais: criaturas feitas apenas de terra, ar, fogo ou água. Os feiticeiros medievais criavam rituais e encantamentos complexos para conjurá-las e tirar proveito dos poderes dessas criaturas. Houve uma época em que a crença nas fadas foi aceita por toda a Europa como algo totalmente verossímil e corriqueiro. Muitas das tradições mais populares associadas a fadas originaram-se na Grã-Bretanha. Como a Irlanda, a Grã-Bretanha ficou muito conhecida, em outras eras, como uma terra especialmente mágica, onde o povo das fadas tinha feito a sua morada.

Quando examinamos esse assunto mais a fundo, achamos muito interessante o fato de que os contos de fadas de todos os séculos referem-se a elas como se fossem criaturas do passado.

É quase como se elas, na verdade, fizessem parte de outro mundo, mais antigo.

Alguns especialistas mencionam a tradição de que o ferro protege contra as fadas como uma prova de que a nossa crença nessas criaturas deriva da lembrança dos povos nativos da Grã-Bretanha – que supostamente eram pequenos e de pele escura e só tinham armas de bronze e pedra. Os historiadores em geral acreditam que esses nativos pré-históricos foram obrigados a fugir para as montanhas depois da invasão dos povos celtas, que conheciam a metalurgia do ferro. Esses povos nativos da Idade do Bronze acabaram por se tornar um povo furtivo e secreto das Ilhas Britânicas, que se refugiou nas montanhas e em lugares remotos até finalmente se extinguir, para reaparecer mais tarde nas histórias contadas ao pé do fogo, transformados no lendário povo das fadas. Algumas dessas ideias podem explicar parcialmente a crença histórica nas fadas, mas não toda ela.

Descobrimos que os relatos pessoais de encontros com seres semelhantes a fadas ainda persistem até os dias de hoje. Uma mulher com quem conversamos nos contou sobre uma experiência que teve, num verão, enquanto viajava de ônibus pela zona rural. Enquanto o ônibus seguia lentamente atrás de um trator, ela olhou pela janela e viu, para a sua

 total surpresa, um homenzinho de pouco mais de meio metro parado perto de um riacho, do outro lado dos campos. Ele usava um colete escuro, sujo e mal cuidado, e um chapéu preto. Por alguma razão desconhecida, ela disse que ele lhe lembrava o personagem Flour Grader.

Flour Grader

Um homem do sul da Inglaterra nos disse que sua tia costumava contar sobre uma ocasião em que ela estava andando por uma estrada no campo e chegou a uma porteira que dava para um pasto. Sentado na porteira, havia um homenzinho de menos de um metro de altura. Ele usava um casaco escuro e um chapéu pontudo. Quando ela parou, assombrada, para contemplá-lo, o homenzinho de repente olhou-a com uma expressão de choque e desapareceu repentinamente.

Uma noite, enquanto conversávamos, June, uma irlandesa que fazia conferências em universidades sobre desenho de moda, contou que, quando era adolescente na Irlanda, na década de 1960, tinha ido a um baile com o seu primeiro namorado. Eles estavam voltando para casa quando avistaram um monte de feno. Como a noite estava quente, eles o escalaram até o topo e fizeram amor. Quando ela acordou, a noite estava enluarada e ela ouviu um roçar no campo mais abaixo. Parecia o som da mastigação de flocos de cereais.

Rastejando até a beira do monte de feno, ela deu uma espiada e viu um bando de figurinhas escuras dançando pelo feno. Ela ficou espantada, e com um pouco de medo. Após acordar o namorado, eles silenciosamente espiaram os pequenos seres correrem de cá para lá no campo abaixo. O rapaz ficou apavorado com a possibilidade de que os pegassem em flagrante e não quis olhar mais, mas June ficou deitada ali até cair no sono novamente. Quando acordaram, era dia claro e eles se lembravam de ter tido exatamente o mesmo sonho, com criaturinhas escuras à luz da lua. June estava convencida de que não tinha sido um sonho, mas algo real.

Até C.S. Lewis, que escreveu *The Lion the Witch and the Wardrobe*, lembrava-se de, na infância, ter visto no jardim um pequeno ser parecido com um gnomo. O interessante é que ele também se lembrava de um dia em que ele e o irmão tinham visto, enquanto brincavam no jardim, uma luminosidade brilhante pairando sobre os brinquedos! Muitas pessoas criativas já passaram por estranhas experiências que só podem ser classificadas como extrafísicas.

E todas as histórias de encontros com fadas, sejam antigas ou modernas, têm essa qualidade extrafísica – como se as experiências fossem algum tipo de sonho encantado inventado por Puck, de *Sonho de uma Noite de Verão*. Mas por que pessoas de todas as eras e lugares contam histórias tão parecidas e descrevem seres tão semelhantes? O povo pequeno de chapéu pontudo é obviamente produto da imaginação humana, mas o que deu origem a isso? O que está enterrado no subconsciente humano que se manifesta por meio das criaturas do Reino das Fadas? Nós cogitávamos se seria possível que houvesse algum aspecto do folclore das fadas que pudesse ser relevante para a nossa experiência e para as bizarras criaturas semelhantes a fadas que estávamos fotografando.

Levando em conta as teorias e explicações convencionais para fadas, seres exóticos e diferentes, existe um elemento que é fundamental em todas as histórias e lendas sobre fadas de todos os lugares. A saber, a crença universal de que as fadas vêm de outro mundo. Um mundo que parece não ficar nem aqui nem em outro lugar.

Esse aspecto extrafísico é obviamente muito significativo em termos do subconsciente humano, pois tem sido amplamente externalizado em nossas concepções de fadas e sustenta as elaboradas construções da maioria das fantasias ficcionais.

As fadas são criaturas arquetípicas. Jung acreditava que os contos de fadas e os mitos do mundo continham arquétipos, criaturas e temas recorrentes nas fantasias, sonhos e delírios da mente humana. Somos inconscientemente impelidos para certos arquétipos. Talvez isso explique a incrível e duradoura popularidade do *Senhor dos Anéis*, de Tolkien. Alguns entusiastas chegam até a acreditar que, num certo nível, a história da Terra Média é verdadeira ou que ela parece mais real do que a história propriamente dita. Seria porque ela fala diretamente à atração primeva dos arquétipos profundamente arraigados na mente humana?

Jung pode ter sido o "pai dos arquétipos", mas o fato é que há mais gente que conhece as obras de Tolkien do que os trabalhos de Jung. Que poder têm os arquétipos!

Quer você acredite ou não no Reino das Fadas, saiba que os seres humanos de todas as épocas e lugares têm sido impelidos, por várias razões, a julgar certos acontecimentos no mundo fenomenológico à sua volta como originários do "outro mundo".

À medida que as nossas pesquisas sobre o assunto avançavam, começamos a ver possíveis similaridades com o nosso próprio fenômeno.

Dizem que as fadas podem aparecer num piscar de olhos e desaparecer da mesma maneira. Tanto as Luzes Transientes quanto as luminosidades têm a mesma capacidade.

É inerente à natureza das fadas o seu caráter indefinível, contrário às leis físicas comuns que nos limitam – uma habilidade que elas têm em comum com os orbes e as luminosidades.

De especial interesse para nós era o fato de que as fadas são muitas vezes associadas a luzes e luminosidades; e conhecidas por vários nomes, como Jack O'Lantern, Will o' the wisp, Spunkie, Pinket e Ignis Fatuus (fogo-fátuo), um termo que significa fogo maluco.

O mais interessante é que a maioria dos termos provincianos para fadas era também aplicável e intercambiável com o fenômeno das bolas de fogo, das luzes fantasmagóricas e das luminosidades anômalas em geral.

Alguns dos fenômenos das luzes semelhantes a fadas tinham a fama de ser enganosos, muitas vezes levando as pessoas a caírem em pântanos ou a se perderem. Às vezes estranhos fenômenos luminosos, quando associados a fadas, evidenciavam um aspecto mutante: dizia-se que se disfarçavam como uma linda donzela ou um jarro de prata para fazer com que o viajante desprevenido se desviasse do caminho. O nosso fenômeno não recorrera, até então, a nada tão exoticamente desorientador, mas às vezes a transição dos fenômenos, passando das luminosidades órbicas para aparições de criaturas aladas, parecia de certo modo imitar a capacidade de mudar de forma das fadas das lendas.

Quase todos os contos de fadas, é claro, com o tempo são distorcidos pela influência cultural e pela censura intencional, como a da igreja, a do estado ou até a do controle dos pais. Os tradicionais Elfos e Fadas dos contos de fadas são obviamente personagens extremamente romantizados, originários das ideias populares equivocadas relacionadas aos antigos mitos e lendas.

Mas não há dúvida de que, em algum ponto de um passado distante, até os mitos têm o seu fundo de verdade.

Quando passeávamos pelos bosques um dia, com os pensamentos sobre fadas e antigas lendas ainda frescos na memória, paramos em frente a um antigo carvalho. Sua estrutura altaneira, tão compacta e impressiva, com o tronco e os galhos retorcidos, me fazia lembrar das Barbárvores da floresta de Fangorn, em *O Senhor dos Anéis*.

Então notamos que estávamos na verdade bem no meio de um círculo de antigas árvores. Todas curvadas e retorcidas, de modo perturbador, numa postura quase humana, como se tivéssemos interrompido uma reunião de antigos e veneráveis deuses dos bosques. À medida que o sol da tarde se infiltrava por entre as árvores, era mais fácil ver por que as pessoas de outrora acreditavam nos elfos dos bosques e nos espíritos da floresta. Seria a nossa imaginação ou haveria algo mais ali, um espírito estimulante, escondido atrás das árvores e das folhas? Meio instintivamente tocamos o tronco do velho carvalho. Os muitos galhos em forma de dedos rangeram e uma infinidade de folhas sussurrou. Quase podíamos sentir o que significava ser uma árvore. Enraizadas na terra, mas tocando o céu; o sentimento de uma consciência lenta e sem pressa se estendia em direção ao passado e avançava rumo ao futuro. À medida que a pele tocava a casca da árvore podíamos sentir a presença de algo. Ou seria apenas a nossa imaginação?

Na velha clareira, a substância original do mito e do arquétipo ainda cativava tanto o olho humano quanto as emoções, assim como devia ter feito dez mil anos antes.

Não admira que fosse fácil acreditar nas Barbárvores da Terra Média ou nas dríades e ninfas míticas fazendo traquinagens nos bosques da Europa muito tempo atrás. Podíamos imaginar como os povos antigos, que sentiam muito mais a Terra viva ao seu redor do que nós, conseguiam sentir as forças elementais da água, dos bosques, do vento, invisíveis aos sentidos físicos. Poderia esse conceito extrafísico de fadas, que estava enterrado na psique humana, ser uma metáfora de alguma outra coisa? Alguma outra realidade, talvez, ou alguma força elemental primitiva? Eletromagnetismo? Energia Chi? Poderia essa outra coisa ser o que os índios chamavam de Grande Espírito? Algo que reage à consciência humana e interage com ela?

Mais tarde, enquanto eu pensava um pouco mais nas possíveis semelhanças entre fadas, espíritos e luminosidades, lembrei-me de um dos meus antigos palestrantes, um irlandês pragmático, que levava muito a sério a ideia do "povo das fadas", afirmando tê-las visto uma vez cruzando uma estrada à luz da Lua. Mas se isso era ou não verdade, não importa. Pessoinhas antropomórficas não pareciam se ajustar às nossas luminosidades.

O nosso fenômeno não deixava pegadas. Até mesmo as formas semelhantes a fadas, embora não explicáveis em termos de bolas de plasma, ainda evidenciavam as características de um fenômeno baseado numa energia não material. Se eram entidades conscientes, então eram de uma ordem muito diferente da dos seres humanos; e da ideia tão banal de pequenos bípedes com asas.

Se as luminosidades e as formas semelhantes a fadas eram seres, afinal de contas, então elas existiam no reino da luz e da energia. E seja o que for que acreditássemos sobre a verossimilhança das fadas no nosso jardim, o fato era que, gostássemos ou não, estávamos agora fotografando algo que se assemelhava a fadas de modo muito suspeito.

Por trás das nossas imagens bidimensionais, parecia haver algo mais em ação.

Embora até então a nossa experiência desse fenômeno sem dúvida alguma tivesse sido positiva e aparentemente amigável, ainda não tínhamos uma ideia clara do que fosse – ou do que ela significava de fato.

## ESTRANHA IMAGEM DO GATO NA JANELA

Ainda estávamos refletindo sobre tudo isso quando, uma tarde, pouco tempo depois, uma amiga querida foi nos visitar com o filho pequeno. Não víamos Ben desde que ele havia nascido e, embora ele só tivesse 1 ano de idade, era, como se costuma dizer, "um rapazinho esperto". Ele estava interessado em tudo, particularmente na grande arca do século XVII que tínhamos no vestíbulo e deixávamos cheia de brinquedos para as crianças que nos visitavam. Se queria um brinquedo, Ben só tinha de ir até lá e bater na tampa da arca. Os pais já haviam lhe ensinado alguns sinais e, embora não falasse ainda, ele sabia se comunicar por sinais muito bem. Nesse dia, em particular, enquanto estávamos todos sentados conversando, Ben se divertia olhando pelos janelões da sala de estar. Ele observava os nossos dois gatos, Baggy e Oscar, que estavam sentados na varanda. Ben sempre fora fascinado por gatos, e estava muito ocupado fazendo o sinal de "gato" para eles. Obviamente isso não impressionava muito os bichanos, que já sabiam quem eram. O que eles não entendiam

era por que não deixávamos que entrassem. Oscar, o nosso gato amarelo, se aproximou e reclamou diretamente para o pequeno Ben. Por um instante o gato e o bebê se encararam a partir de lados opostos da janela, um miando e o outro fazendo sinais. Era uma boa oportunidade para tirarmos uma foto. Felizmente, consegui bater a foto antes que um deles se mexesse (tanto os gatos quanto as crianças costumam fazer isso quando estamos nos preparando para tirar uma fotografia).

Já havíamos tirado algumas fotos naquela tarde, mas, como Ben e a mãe tinham de ir e nós precisávamos deixar algumas coisas no correio, não tivemos tempo de vê-las aquele dia. Alguns dias depois, quando olhamos a foto de Ben e Oscar na janela, percebemos que tínhamos flagrado algo muito estranho. (Foto 43)

A princípio, pensamos que se tratava de um orbe, mas examinando com mais atenção, essa imagem de Ben e Oscar nos pareceu sinistramente relacionada à nossa preocupação com fadas. Se você examinar a ampliação ao lado (43a), talvez veja a que estou me referindo.

Nós exibimos essa imagem a muitas pessoas. De início, algumas não se mostraram bem certas do que viam. Outras viam um borrão indefinido, outras viam um rosto e algumas viam instantaneamente uma outra coisa; a mesma coisa que nós dois tínhamos visto quando a contemplamos pela primeira vez. Depois de informadas, elas muitas vezes tinham dificuldade para ver outra coisa. Mais uma vez, é um pouco como olhar para uma daquelas intrigantes imagens

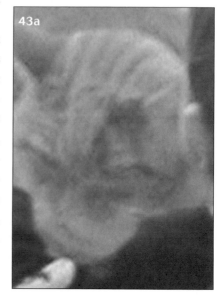

óticas. Por isso ajuda se segurarmos a foto a uns trinta centímetros e a contemplarmos com os olhos semicerrados. Se tiver sorte, você vai passar a ver a imagem de algo que se parece com o tronco de uma menina de cabelos castanhos, braços nus e uma miniblusa branca, sentada com os joelhos para cima e a cabeça levemente abaixada, como se estivesse olhando as mãos ou um livro. Mas precisamos enfatizar aqui que não consideramos essa imagem como algum tipo de prova da existência das Fadas das Flores nem algo parecido! Ainda assim, no contexto do nosso fenômeno, essa é com certeza uma imagem curiosamente relevante.

Na época, sem dúvida, considerando o nosso interesse pelo fenômeno das fadas, parecia que estavam nos pregando uma peça. A imagem da cabeça de Oscar de fato se assemelhava muito à clássica concepção de uma fada das flores. E é bom deixar claro que o pequeno Ben não estava usando uma camiseta estampada com uma figura de fada na parte da frente. A camiseta dele tinha duas cores, azul-marinho e azul-claro.

Mais uma vez, tínhamos uma imagem estranha que certamente não se ajustava às nossas ideias anteriores sobre o plasma e outras coisas mais. O interessante é que amigos inclinados a acreditar no paranormal quase sempre viam uma fada logo ao primeiro olhar. Até alguns dos nossos amigos mais céticos tinham admitido que a imagem se parecia com uma garota lendo. Embora houvesse quem não visse nada parecido, o consenso da maioria era o de que a imagem era de uma menina. Mas quem era ela e de onde viera?

Será que isso realmente era uma manifestação prosaica do reino das fadas?

Nem Katie nem eu pensamos seriamente nessa possibilidade e começamos a buscar alguma outra explicação.

A psicologia parecia ter uma a oferecer!

Durante anos, as pessoas tinham visto figuras nas nuvens, ou padrões nas pedras, ou miragens no deserto; imagens de todos os tipos; rostos, animais e alienígenas. Pouco tempo antes, no Ebay, alguém tinha vendido um pedaço de torrada com a imagem da Virgem Maria!

Todas essas imagens podem ser atribuídas à capacidade humana de encontrar sentido em elementos aleatórios – de antropomorfizar o mundo à nossa volta –, vendo caras de gigantes em árvores nodosas ou o rosto de Jesus num copo de cerveja. Alguns diriam que essa é a explicação mais provável para a nossa imagem, mas, mesmo que fosse verdade, ainda não explicaria o aparecimento de uma imagem de fada justo na época em que estávamos pesquisando fadas para tentar esclarecer as imagens que agora não paravam de surgir nas nossas fotografias! Seria coincidência? Bem, talvez. Mas para nós, à luz das nossas experiências anteriores com luminosidades, parecia haver exemplos demais de coincidências significativas para que tudo não passasse de um produto do mero acaso.

Imagens aladas são algo que ecoa na psique humana: elas são símbolos de liberdade, aspiração, transcendência, renascimento e ascensão a um plano superior. Sob todo o fenômeno visual, nós agora suspeitávamos que houvesse algo mais em ação. Algo talvez entretecido e subjacente ao mundo dos nossos sentidos.

### Ângulos críticos:

Pergunta: Existem semelhanças entre os aspectos não antropomórficos do fenômeno das fadas e o comportamento registrado das luminosidades?

Resposta: Sim.

Pergunta: No contexto da transição das luminosidades para as formas aladas semelhantes a fadas e a nossa pesquisa sobre lendas de fadas, poderíamos considerar o aparecimento na janela da prosaica imagem clássica de uma fada como um acontecimento sincrônico?

Resposta: Sim.

# CAPÍTULO 13

# *Sincronicidade*

"O problema da sincronicidade me intrigou durante muito tempo, desde meados da década de 1920, quando eu estava investigando o fenômeno do inconsciente coletivo e não parava de deparar com ligações que simplesmente não poderiam ser explicadas como mero acaso..."

C.G. Jung, *Sincronicidade: Um Princípio de Conexões Acausais*

Conciliar o Fenômeno Visível das Luzinhas Transientes com a ideia das nossas luminosidades como concentrações plasmáticas, a princípio deu a impressão de funcionar de modo satisfatório, mas com o recente aparecimento das formas semelhantes a fadas, a teoria do plasma não parecia mais uma explicação plausível. Começamos a reexaminar o que tínhamos aprendido e vivenciado até então e havia um fator importante que fora um elo constante ao longo de todos os níveis do nosso fenômeno: a ocorrência regular de coincidências significativas. Essas coincidências pareciam ocorrer com uma relevância e uma frequência que iam muito além do mero acaso. E parecia provável que a sincronicidade fosse o mecanismo que ligava o fenômeno com a experiência que tínhamos dele.

Por isso, convém agora investigarmos brevemente a sincronicidade.

Para muitas pessoas sem nenhum interesse pelo paranormal, um dos indicadores mais convincentes de que o nosso mundo material não é tudo o que existe é a ocorrência diária da sincronicidade na vida delas. Sincronicidade é o termo cunhado pelo famoso psicanalista C. G. Jung para designar a coincidência significativa, ou equivalência, de estados ou eventos psíquicos ou físicos que não estão diretamente relacionados; ou quando uma percepção interior, como um sonho, visão ou premonição tem um significado direto na realidade exterior. Essa palavra também pode ser usada para descrever pensamentos ou sonhos semelhantes ou idênticos que ocorram ao mesmo tempo em diferentes lugares. Jung descreveu isso como um "princípio de conexões acausais" e citou-o como uma possível confirmação da sua hipótese do inconsciente coletivo.

Embora pareça que até mesmo ele teve dificuldade para conciliar a existência inexplicável da sincronicidade com a suposição ortodoxa de um universo mecanicista puramente relativo, Jung pontificou:

"É inconcebível que coincidências significativas sejam produto do puro acaso..."

Sejam quais forem as interpretações que nós, nascidos depois de Jung, damos à sincronicidade, o tempo, os acontecimentos e as pesquisas têm mostrado que ela é um fenômeno real pelo qual coincidências significativas ocorrem no nosso mundo. Na verdade, Jung estava tão convencido disso que mantinha um livro de registros de coincidências. Um incidente particularmente interessante de sincronicidade ocorreu enquanto Jung estava tratando uma jovem paciente em seu consultório: numa determinada tarde, a jovem estava descrevendo um sonho em que ela recebia um escaravelho dourado. Nesse momento, Jung, que estava sentado de costas para a janela, ouviu uma batidinha na vidraça. Ao se voltar, ele viu um inseto voador batendo contra a janela, do lado de fora. Quando abriu a janela, o inseto voou para dentro e Jung o agarrou. Para a sua surpresa, ele estava segurando a criatura mais próxima a um escaravelho dourado que se pode encontrar na Europa: um besouro comum, mais conhecido como besouro das rosas. Contrariamente aos seus hábitos normais, o besouro, por alguma razão desconhecida, tinha sentido urgência em entrar na sala de Jung justo na hora em que a paciente lhe contava o sonho sobre o escaravelho.

Enquanto investigava o fenômeno do inconsciente coletivo, Jung continuou se deparando, vezes e vezes sem conta, com exemplos de coincidências, ligadas de maneira tão significativa que, como o próprio Jung afirmou, "a sua ocorrência 'casual' representaria um grau de improbabilidade" tão grande que teria que ser "expresso por meio de um numeral astronômico".

Para Jung, a incidência de coincidências parecia tão propagada pelo mundo todo, em todos os níveis, que esse fato em si negava toda a ideia de coincidências casuais.

O mais interessante é que a nossa agente literária, depois de receber o primeiro esboço deste livro, passou por uma situação que provavelmente não era uma coincidência. Até ler o nosso livro, ela não sabia nada sobre orbes e certamente não tivera motivo algum para pensar nessa palavra. Estranhamente, nos dias que se seguiram, a palavra "orbe" apareceu três vezes nas respostas ou dicas das palavras-cruzadas do seu jornal.

Acontecimentos sincrônicos acontecem o tempo todo praticamente com todo mundo, tanto é que nem nos damos mais conta disso. Quando começamos este relato, um dos títulos que cogitamos foi "Luz Fantástica", mas por algum motivo mudamos de ideia e escolhemos o título atual.

Isso foi bom, porque na semana seguinte lançaram um novo programa de TV sobre a luz, chamado *Luz Fantástica*! Você provavelmente já notou coincidências parecidas em filmes, como dois estúdios cinematográficos lançando filmes sobre Robin Hood com um intervalo de poucas semanas entre um e outro.

O mesmo aconteceu com dois filmes diferentes sobre o lendário xerife Wyatt Earp; o filme infantil *Formiguinhaz* e o seu equivalente da Disney, *Vida de Inseto*; e muitos outros. Tão logo você tem uma ideia realmente boa, já existe a possibilidade de vê-la sendo colocada em prática por outra pessoa. Um amigo nosso uma vez passou dois anos escrevendo um livro sobre os pré-rafaelitas. Ele não mostrou o livro a ninguém antes de escrever a última página e, quando seguia alegremente para o correio a fim de enviar a sinopse a um amigo, entrou numa livraria e ficou devastado ao ver ali um novo livro sobre o mesmo assunto, com o mesmo título e praticamente com o mesmo enfoque! Coincidência, ou antes, a sincronicidade, em ação novamente.

É claro que nem todos os acontecimentos sincrônicos são ruins; felizmente a sincronicidade trabalha dos dois modos. Justamente quando você acaba de gastar o seu último centavo, uma tia-avó lhe deixa uma fortuna de herança. Ou você pode viajar em férias para um lugar distante e encontrar um amigo de infância que há muito tempo você não via, sentado bem em frente à sua mesa, no café da manhã. A sincronicidade é um denominador comum na vida de muitas pessoas.

Luminosidades à parte, a sincronicidade sem dúvida desempenhou um papel importante no relacionamento entre Katie e eu. Nós nos encontramos pela primeira vez por acaso, durante meros vinte minutos, numa feira de negócios, e depois ficamos quatro anos sem nos ver. Durante esse período, nenhum de nós fazia ideia do que o outro estava fazendo ou nem mesmo onde estava morando. Estávamos completamente alheios ao fato de que os acontecimentos das nossas vidas pessoais e as decisões que estávamos tomando, até os pensamentos que tínhamos, estavam na verdade nos atraindo um para o outro. Até que um dia nós nos encontramos, mais uma vez por acaso, na rua de uma cidadezinha, a quilômetros de onde morávamos.

Dessa vez, coincidentemente, tudo na nossa vida, e até na vida das nossas famílias, contribuiu para nos aproximar. Como sempre acontece quando as pessoas respondem aos acontecimentos sincrônicos que ocorrem em suas vidas, mudanças positivas começaram a acontecer. De certo, graças à nossa experiência da sincronicidade, a nossa vida e a vida da nossa família e amigos se enriqueceram e se expandiram de maneira que, acreditamos, não teria acontecido de outro modo. Outras pessoas poderiam contar histórias parecidas.

Até em termos de luminosidades, a sincronicidade já estava em ação na nossa vida muito antes de tirarmos a primeira foto de um orbe. Se me pedirem para apontar o início dos nossos fenômenos luminosos, eu diria que eles realmente começaram alguns anos antes. Tudo aconteceu assim: eu me mudei para Brackenbeck em fevereiro e estava mais ou menos acampado ali, dormindo à noite na sala de estar, onde podia me aquecer junto ao fogo. Uma manhã, acordei justo quando o dia estava começando a clarear. Naquela época, eu não só não tinha uma cama, como não tinha mobília nenhuma. O que eu tinha era uma sala cheia de caixas e três gatos fechados na cozinha, onde eles ficaram temporariamente prisioneiros até se acostumarem com a nova casa. Abri a porta da frente e saí para respirar o ar puro da manhã. Justo nesse momento um pequeno rebanho de veados saiu dentre a neblina da manhã, atravessou lentamente o jardim e desapareceu nos bosques. Eu nunca tinha visto um veado tão de perto antes. Foi uma visão encantadora e imediatamente desejei que Katie, que eu encontrara na semana anterior, estivesse ali para ver também. Mais tarde naquele mesmo dia, por volta das quatro da tarde, eu ia dar um petisco aos gatos, quando, ao entrar no vestíbulo, parei subitamente. Flutuando no ar, a aproximadamente dois metros do chão de mármore, havia uma nuvem de minúsculas luzinhas brilhantes, não maiores do que um olho de passarinho, cintilando na penumbra como as faíscas de uma fogueira. Mal ousando respirar, observei as fantásticas luzinhas absolutamente fascinado. Em dois ou três minutos elas foram lentamente ficando mais fracas, até desaparecerem por completo. Eu não fazia ideia do que eram, mas foi com certeza um momento mágico. Talvez fosse algum tipo de confirmação de que agora talvez eu estivesse no lugar certo.

Então, quatro anos depois, certa tarde, uma semana depois de Katie ter se mudado para lá, ela também viu um rodamoinho nevoento de luzinhas cintilantes, mas dessa vez flutuando para cima e para baixo, perto do teto da sala de estar, onde mais tarde fotografamos os orbes. Comparamos as nossas impressões e não pudemos deixar de indagar se seriam as mesmas que eu tinha visto quatro anos antes. Portanto, a nossa vida em comum em Brackenbeck começou com o aparecimento sincrônico de estranhas luzes. Não sabíamos na época o que elas eram, ou que alguns anos depois fotografaríamos orbes e outros fenômenos luminosos bizarros.

Na época, simplesmente os tomamos como um bom presságio para a nossa nova vida juntos. Isso pode parecer exageradamente romântico, mas acho que depende da maneira como você vê o mundo.

Algumas pessoas acreditam que a vida é um processo aleatório; que as coisas simplesmente acontecem por acaso. Nos momentos críticos, elas acham que estão por sua própria conta, que não há uma razão para os acontecimentos – eles são meramente o resultado do acaso ou da lei de causa e efeito. Outras acreditam que a própria existência da consciência implica um propósito. Para essas pessoas, os acontecimentos têm um significado e, seja lá qual for, elas não acreditam que estejam sozinhas neste mundo. Como os fios de uma tapeçaria, elas são parte de um desenho maior. Tudo depende da maneira como você vê as coisas e interpreta qualquer acontecimento, especialmente os mais extraordinários.

Pessoalmente, tudo o que eu sei, com base na minha própria experiência, é que não acredito que as coisas aconteçam por acaso, muito embora, como indivíduos, possamos não conhecer, no momento, todas as conexões. E agora estou mais propenso ainda a acreditar que, em algum nível, existe um princípio fundamental de conexões em ação na vida.

O que vivenciamos aqui em Brackenbeck parece confirmar que, entrelaçando todos os nossos fenômenos, existe algum tipo de fio condutor, ligando as luzes que nós dois vimos aqui com as luminosidades. Será que ligando essas mesmas luminosidades aos acontecimentos? Como na noite em que um comentário verbal resultou numa sala cheia de orbes? Ou conectando tanto os orbes quanto as formas aladas com as luzes transientes visíveis?

Tudo o que testemunhamos deixou poucas dúvidas de que existia outra coisa por trás das imagens visuais. Como Jung e muitos outros, temos que afirmar que a sincronicidade existe. Vimos a sincronicidade em ação na nossa vida, na vida de outras pessoas e, o que é mais importante neste livro, no comportamento das nossas misteriosas luminosidades.

Algo mais extraordinário do que meramente fotografar orbes estava acontecendo.

Se pensarmos na visão de Jung de que até o exemplo corriqueiro de coincidência é algo tão frequente que não se encaixa no próprio conceito de coincidência, então só nos sobra a possibilidade de que exista um processo básico em ação neste mundo: um processo que implica uma ligação subjacente entre a consciência e o significado dos acontecimentos.

Como o reino das fadas, o conceito de sincronicidade também pode ser considerado como algo que está numa posição intermediária, nem cá nem lá, como o misticismo, a física quântica e a precognição, os quais inferem a realidade da sincronicidade; e todos eles têm em comum a capacidade de pensar o impensável. Nas páginas seguintes, vamos explorar as possíveis ligações que pode haver por trás das luminosidades, e o que pode, ou não, se revelar inconcebível.

**Ângulos críticos:**

Pergunta: A ocorrência constante da sincronicidade com relação a todos os níveis de fenômeno sugere um princípio de conexões em ação?

Resposta: Sim.

Pergunta: A sincronicidade observada nos fenômenos, como a aparição da imagem da fada na janela, e a tendência geral dos fenômenos de parecerem deliberadamente responsivos sugerem a possibilidade de haver um propósito?

Resposta: Sim.

CAPÍTULO 14

# *Luzes fantasmagóricas e o sobrenatural*

"Se mal sabeis o que é a vida, como haveis de saber o que é a morte?"
Confúcio, 550-477 a.C.

"Assim como as crianças que no escuro tremem de medo e temem tudo, nós, na claridade, às vezes temos receio de certas coisas que não são mais terríveis do que aquelas que aterrorizam as crianças no escuro..."
*Sobre a Natureza das Coisas*, Lucrécio, c. 60 a.C.

Estávamos fotografando os orbes de sempre e as formas semelhantes a fadas com muita frequência. Depois do choque inicial diante desse tipo de aparição, acabamos nos acostumando a ela.

E, apesar dos nossos esforços continuados para descobrirmos o que eles eram, tínhamos, para todos os propósitos práticos, os aceitado como outra manifestação intrigante do nosso fenômeno de Brackenbeck. Foi no final desse período que o irmão de Katie, Sam, visitou-nos novamente durante um final de semana. Por alguma razão, para nós desconhecida, ele estava agora mais interessado em assuntos que nunca tinha considerado antes, como outras dimensões, regressão a vidas passadas e meditação. Além disso, estava disposto a descobrir se também conseguiria fotografar luminosidades num lugar tradicionalmente associado com estranhos acontecimentos fantasmagóricos: um cemitério.

Da pessoa cética que era, Sam tinha se tornado um aprendiz de caçador de fantasma!

É preciso que se diga que, em todas as nossas conversas sobre as causas que estariam por trás das luminosidades, o sobrenatural era uma área que nunca tínhamos levado realmente em consideração. Talvez tivesse chegado o momento de fazermos justamente isso. Por cortesia, naquele sábado, tarde da noite, levamos Sam conosco a um solitário cemitério campestre que não ficava muito longe dali.

Silencioso, sombrio e misterioso, na escuridão o velho cemitério por certo tinha todos os elementos que mexem com a nossa imaginação. Com exceção dos mortos, nós três estávamos completamente sozinhos. Também era provável que não houvesse ninguém ali num raio de quilômetros. Dava a impressão de que aquele era o cenário que o Drácula provavelmente escolheria para fazer um piquenique.

Mas já tínhamos visitado lugares parecidos antes, na calada da noite, e nunca tínhamos sentido nenhuma sensação real de medo. Principalmente dos mortos. Por experiência própria, sabíamos que geralmente era com os vivos que precisávamos ter mais cuidado, especialmente se estivessem no comando do nosso país, do nosso futuro ou do nosso ambiente.

De dia, o lugar era um antigo e charmoso cemitério campestre e, à noite, não era muito diferente, exceto pelo que a imaginação de bípedes diurnos, incapazes de ver muito longe no escuro, poderia conjurar.

Um porco-espinho correu pelo muro, sem se preocupar com o que faziam as pessoas, fossem vivas ou mortas. Vagamos por um tempo e de fato conseguimos algumas fotos de luminosidades aquela noite, mas de jeito nenhum semelhantes a uma fada. (Foto 44)

Os orbes não pareceram particularmente assustadores aos nossos olhos, pois eram apenas os orbes de sempre.

Ainda assim, graças à disposição de Sam, começamos a analisar um pouco mais de perto as explicações sobrenaturais para o que tínhamos encontrado. Seria possível que os orbes que fotografávamos fossem na verdade fenômenos espirituais? Muitas pessoas acham que os orbes, assim como os vapores, os vórtices e as aparições, pertencem à categoria das manifestações espirituais, que para elas significa manifestações geradas pelo espírito dos mortos.

Começamos a pesquisar a área do sobrenatural com relação ao nosso fenômeno e logo conseguimos duas informações muito interessantes que nos pareceram particularmente relevantes para a questão dos orbes e dos espíritos dos falecidos.

A primeira informação partiu de um homem que tinha ficado uma noite de vigília ao lado da sepultura de um parente recentemente falecido. Conforme contou, durante a noite ele viu muitas luzes, como esferas luminosas subindo de uma sepultura nas proximidades, onde recentemente tinha sido enterrada uma pessoa. Ele não sentiu medo dessa visão extraordinária; pelo contrário, se sentiu confortado, certo de que eram anjos acompanhando o espírito da pessoa falecida, em sua jornada para o céu.

Esse relato não era muito diferente dos outros que tínhamos lido sobre luminosidades ou luzes fantasmagóricas, associadas com lugares onde pessoas haviam morrido.

Em Derbyshire, na Inglaterra, conhecemos Sylvia, uma senhora que, quando jovem havia trabalhado num hospital. Um dia, quando voltava para o seu quarto, no alojamento das enfermeiras, viu uma luminosidade azulada e nevoenta se elevando no ar em frente a uma porta. Seguindo a sua intuição, ela chamou o diretor do hospital e eles descobriram uma enfermeira que tinha tentado tirar a própria vida e provavelmente teria morrido se não fosse a aparição fumarenta.

Quase não há dúvida de que o fenômeno espiritual existe, se levarmos em conta os fantasmas, os animais fantasmagóricos, as casas assombradas e as atividades *poltergeist*, todos eles muito bem documentados. Muitos contos de fantasmas e espíritos incluem estranhos fenômenos luminosos como luzes flutuantes, colunas de luz, redemoinhos nevoentos de luzes e efeitos semelhantes a chamas bruxuleantes. Essas manifestações estão muitas vezes associadas a histórias de mortes violentas, tristes ou prematuras. Em certos lugares, a aparição regular de formas translucidas e fumarentas deu origem a muitas histórias de fantasmas femininos brancos ou acinzentados. Uma das mais famosas aparições desse tipo é a do Fantasma de Raynham Hall, em Norfolk, na Inglaterra. Acreditava-se que ele fosse de Dorothy Walpole, a irmã de Robert Walpole, o primeiro-ministro britânico. Existem várias versões macabras da sua morte prematura. Famosa nos anais dos fenômenos fantasmagóricos é a fotografia desse fantasma, apelidado de Brown Lady [Dama Marrom], tirado por dois fotógrafos da vida campestre que estiveram em Raynham na década de 1930. Essa fotografia é muito reproduzida nos livros de fantasmas e, na verdade, não mostra uma Dama Marrom, mas uma coluna de luz transparente e enevoada nas escadas.

Tirada do contexto de Raynham Hall, essa aparição enevoada poderia ser facilmente confundida com outros fenômenos luminosos, como fogo-fátuo, luzes fantasmagóricas e outros vapores luminosos errantes em geral.

Colunas de luz e vapores nevoentos aparecem em muitos outros lugares além das casas mal-assombradas. Num condado do centro da Inglaterra, conversamos com um fazendeiro que estava acostumado a caminhar pelas colinas e pântanos solitários à noite. Numa noite de inverno, ele estava a caminho da aldeia, quando uma fina camada de gelo cobriu a estrada que atravessava o pântano; esse era um trajeto que ele já tinha feito muitas vezes. Ele estava na metade do caminho do seu destino quando teve a sensação vívida de que não estava sozinho. Ao dar meia-volta, viu-se de frente para uma coluna de luz laranja, que flutuava no caminho por onde viera. O homem fitou por algum tempo a coluna de luz, impressionado. Em alguns minutos ela começou a se desvanecer, até que desapareceu. Pragmático, o fazendeiro explicou a sua experiência da seguinte maneira: "Se eu fosse católico, teria pensado que era a Virgem Maria; se fosse espírita, provavelmente um espírito; e se acreditasse em discos voadores, teria achado que era um alienígena. Mas como não acredito em nenhuma dessas coisas, era apenas uma luz laranja!" Esse é um jeito descontraído de encarar um fenômeno bizarro. Talvez fizéssemos bem se lembrássemos que os nossos preconceitos podem às vezes distorcer a natureza real do que vivenciamos.

Existem muitas histórias acerca de experiências fantasmagóricas e sobrenaturais, e embora muitas delas sejam relatos pessoais, algumas tiveram testemunhas. O nosso negócio aqui, porém, não é decidir se o que as pessoas chamam de fenômenos espirituais é de fato real ou não, mas sim determinar se eles são uma explicação viável para as nossas luminosidades.

O nosso segundo encontro relevante foi com Gladis, uma senhora idosa que morava em Peckham, na Inglaterra. Ela já morava lá durante a Segunda Guerra Mundial e tinha perdido amigos e parentes nessa época. Gladis contou-me que muitas viúvas, irmãs e mães inconsoláveis procuravam médiuns naquele tempo. Muitos encontravam conforto assim, mas algumas depois descobriam que aqueles que julgavam mortos na verdade estavam apenas desaparecidos! No entanto, os médiuns tinham conseguido entrar em contato com a alma deles no outro mundo e diziam aos parentes pesarosos coisas que só eles ou o morto poderiam saber. Já tínhamos ouvido falar de experiências parecidas antes, muito embora alguns médiuns em questão fossem pessoas respeitáveis, com capacidades psíquicas genuínas.

Isso traz à baila uma importante questão: onde os médiuns conseguiam essas informações? Para todos os efeitos, os médiuns nesses casos tinham de acreditar de fato que estavam em contato com o espírito dos mortos – mas, se não fosse esse realmente o caso, com quem ou com o que eles entravam em contato?

Ao longo dos últimos anos, o sobrenatural tem se tornado muito popular, especialmente em termos de entretenimentos e da mídia. Há um número cada vez maior de programas de TV baseados no assunto do fenômeno paranormal.

Na Grã-Bretanha, fantasmas e espíritos são quase uma obsessão, mas, embora ligados em termos à natureza sobrenatural do fenômeno, os fantasmas são uma questão muito diferente para os médiuns profissionais, o espiritualismo, a canalização ou outras formas mais comerciais do que um dia foi chamado de necromancia – algo muito procurado pelos vivos saudosos dos seus entes queridos falecidos.

O espiritualismo tem sido alvo de controvérsias desde os tempos bíblicos, quando o rei Saul (o predecessor do rei Davi) visitou a bruxa de Endor para que ela conjurasse o espírito do profeta morto Samuel. Em tempos mais recentes, sir Arthur Conan Doyle, o criador de Sherlock Holmes (e como já foi mencionado, o defensor das fadas de Cottingley) foi um bem conhecido defensor do espiritualismo, enquanto o famoso mágico e escapista Harry Houdini era um crítico ardente do "espiritismo", que acreditava não passar de truques e charlatanismo.

Qualquer que seja a verdade por trás das afirmações e argumentos em contrário de médiuns e céticos, nos parecia que, apesar da sua corrente popularidade, muitos pontos de interrogação ainda pairavam em todo o campo da crença nos espíritos e na sua presença neste mundo. Como a fé religiosa, tratava-se de um produto subjetivo da consciência humana, cuja natureza continua sendo em grande parte um mistério, como a própria natureza da existência. Seja o que for que se afirmou acerca da vida após a morte, tudo era uma questão de crença pessoal.

Não tínhamos dúvida de que havia um fenômeno real por trás dos vários relatos autênticos de manifestações espirituais, mas do que se tratava exatamente esse fenômeno parecia algo aberto à interpretação, dependendo do que as pessoas acreditavam. E, como outros já postularam, tanto é possível ver médiuns verdadeiros quanto telepatas empáticos desavisados, que extraem as suas informações das mentes emocionalmente necessitadas daqueles que vêm em busca de conforto, por vê-los como canais de almas que partiram. Das duas maneiras, existe a responsabilidade de ajudar os que sofrem.

No entanto, toda a ideia de um mundo "sobrenatural", em oposição ao mundo natural, está aberta à discussão. Antes do advento do racionalismo científico, o sobrenatural não existia como o concebemos atualmente. As fronteiras entre o natural e o sobrenatural eram menos distintas nas civilizações antigas do que são hoje.

Na visão popular da Europa medieval, por exemplo, existiam muitos níveis de realidades que se sobrepunham. Na Idade das Trevas, a suposta existência de fadas ou demônios era tão aceita quanto a existência de leões e ursos. Acontecimentos estranhos e seres extrafísicos eram uma parte aceitável da vida num cosmos que era visto, em grande parte, como um lugar multifacetado e misterioso. Nessa visão da realidade, qualquer um podia ter a sorte ou o azar de topar com habitantes de outros reinos. Num certo sentido, as pessoas viam toda a realidade como se ela fosse sobrenatural. O mundo como era então concebido continha tanto o familiar quanto o extraordinário.

A nossa atual visão dualista do natural em oposição ao sobrenatural tende a nos fazer classificar os fenômenos em um desses dois domínios. Mas, na verdade, tanto o rótulo "natural" quanto o "sobrenatural" são meramente termos subjetivos para descrever aspectos da existência. Úteis, sem dúvida, mas talvez devêssemos ter em mente não só a sua função como rótulos descritivos, mas também as suas limitações.

Se, por exemplo, pudéssemos viajar no tempo e pôr um aparelho de TV ligado diante de uma família inteligente da Idade Média, ela consideraria os sons e imagens produzidas como um fenômeno mágico.

Isso acontece simplesmente porque, no mundo daquela época, simplesmente não havia pontos de referência com base nos quais eles pudessem pelo menos imaginar como uma televisão pudesse ser criada ou funcionar. Eles não tinham nenhuma consciência da história da invenção e da descoberta! (Coisa que nós todos sabemos de maneira inconsciente, mesmo que nem sempre compreendamos). Por trás da tecnologia dos DVD e dos controles remotos, dos quais toda criança hoje parece ter um conhecimento inerente, existe uma história da invenção que inclui: Alessandro Volta (1745-1827), que criou a primeira célula elétrica; os experimentos de Michael Faraday, a telegrafia de Samuel Morse, o fonógrafo de Edison, a corrente alternada de Tesla e os experimentos de John Logie Baird, que, coletivamente, levaram ao tubo de raio catódico e à TV digital!

A nossa família inteligente da Idade Média não teria a menor noção de todo o conhecimento básico necessário para compreender a televisão em termos que não fossem mágicos ou sobrenaturais. Não porque fosse obtusa, mas porque estaria confinada pelas limitações do seu conhecimento e pela visão prevalecente da realidade daquela época. Naquele mundo a tecnologia da transmissão de imagens e sons, através de quilômetros no ar até manifestá-las na tela, não era nem sequer concebível, quanto mais possível!

Hoje, apesar da sua atual popularidade, a questão da existência dos fantasmas e dos espíritos ainda está muito aberta à discussão – não que esse fenômeno (como a TV ligada diante da família da Idade Média) não exista –, mas se existe, o que significa? As nossas crenças acerca do que acontece depois da morte são mais válidas do que a visão que a nossa família medieval provavelmente teria acerca da televisão?

Mesmo assim, nós consideramos a possibilidade de que os orbes e luminosidades que encontramos em Brackenbeck fossem evidências de algum tipo de fenômeno espiritual que envolvesse fantasmas e almas penadas, mas tudo o que sabíamos do nosso ambiente doméstico e do fenômeno em si fazia com que isso parecesse altamente improvável. Desde o momento em que tínhamos nos mudado, nós dois fomos envolvido por uma sensação de paz na nossa casa. Não existia nenhum tipo de perturbação emocional ou psíquica ali que não fosse o que as pessoas podiam trazer consigo.

A casa tampouco tinha sido "assombrada", no sentido tradicional da palavra, exceto pelos gatos que, como todos sabemos, têm a fama de ver coisas invisíveis aos olhos humanos. Os gatos são muitas vezes citados como criaturas capazes de ver ou detectar espíritos. Os nossos podem certamente detectar se há frango na geladeira, mas se isso tem a ver ou não com espíritos de galinhas mortas é algo que não sabemos!

Num certo sentido, seria muito conveniente (além de dar muito ibope) se explicássemos isso em termos de fantasmas, mas na verdade, esse fenômeno não era exclusivamente nosso. Como as mariposas, as abelhas e as formigas, ele está em todo lugar!

Ao longo da história, pessoas de todas as culturas tendem a acreditar em outra realidade além ou paralela à nossa, e em geral isso é visto como um mundo sobrenatural. Nós o povoamos com todo tipo de entidade e acontecimentos inexplicáveis, até ele ficar repleto com uma infinidade de níveis espirituais, astrais e etéricos, abarrotados com todas as coisas inconcebíveis e inexplicáveis da nossa própria realidade. Mas o que pode ser sobrenatural para nós neste momento pode ser, na verdade, totalmente natural. A nossa percepção da realidade, como no caso da família da Idade Média, pode ser limitada apenas pela nossa ignorância.

Ainda assim, muitos fenômenos estranhos acontecem neste mundo e nem todos têm uma explicação tão simples quanto a que os céticos nos querem fazer acreditar. Os irmãos Wrigth nunca teriam voado se tivessem ouvido os céticos! Pessoalmente, estou mais propenso a acreditar num mundo espiritual do que num mundo sobrenatural. O espiritual é entremeado com todas as facetas da existência; ele pode ser visto num pôr do sol, ouvido no grito de uma águia ou sentido nos lábios de um amante com tanta facilidade quanto num lugar sagrado ou na meditação. Implícito no simbolismo do orbe, da esfera e do círculo da vida está a continuação da existência. Inerente às formas aladas é o simbolismo da transformação e da transcendência. Em termos de psique humana, todos esses símbolos dão a esperança da transformação e da continuação da consciência além da morte.

Quando as pessoas que amamos morrem, muitas vezes nos sentimos desconectados e é natural que sintamos a necessidade de algum tipo de ligação, que busquemos algum tipo de certeza de que a vida continua além do mundo material. Se você me perguntasse se eu acredito na continuação da consciência além desta realidade, eu diria enfaticamente que sim! Mas, se você me perguntasse se os mortos falam através de médiuns ou andam à noite como fantasmas, eu não poderia afirmar com certeza. A própria consciência é, no final das contas, um grande mistério. Tudo o que eu sei é que às vezes existe algo transcendente que reluz por meio do espírito humano.

Pouco tempo atrás, ouvi um homem contar sobre a ocasião em que foi ao enterro de um casal de idosos, cujas mortes aconteceram com um intervalo de poucos dias. Na igreja, duas borboletas apareceram flutuando sobre os caixões. Então, mais tarde, no cemitério, as mesmas borboletas voaram sobre a sepultura até que os corpos foram enterrados. Depois disso, elas voejaram em direção ao céu. Todos os presentes comentaram sobre o aparecimento improvável de duas borboletas no clima frio de novembro. O homem viu aquilo como algo significativo. Foi certamente sincrônico e simbólico. As lagartas rastejam. As borboletas voam. Mas dentro de toda lagarta existe uma borboleta à espera do momento de sair. Metamorfose! Será que dentro de cada ser humano existe um espírito transcendente?

Talvez isso dependa da natureza que alimentamos: a borboleta ou a lagarta? Para onde nos dirigiremos em seguida? Quando fotografávamos as formas aladas esvoaçando pela noite, nós nos perguntávamos aonde tudo aquilo ia nos levar. À medida que pesquisávamos o fenômeno, tentamos manter um equilíbrio entre a razão e o assombro. Então passamos a nos dedicar ao livro, embora essa parecesse às vezes uma tarefa amarga, pois não tínhamos uma explicação clara para quase nada do que estava acontecendo, nem ideia de onde esse livro ia nos levar em termos de conclusões.

Os fenômenos, sem sombra de dúvida, tinham uma dimensão espiritual, mas, depois de todas as considerações, não parecia que o mundo sobrenatural dos fantasmas e dos espíritos fosse nos ajudar muito a entender o que estava se passando.

Tínhamos de olhar em outras direções.

**Ângulos críticos:**

Pergunta: O fato de a maioria dos orbes e luminosidade aparecer em lugares e circunstâncias sem nenhuma associação direta com os mortos sugere que eles não são, nesse contexto, um fenômeno exclusivamente espiritual?

Resposta: Sim.

Pergunta: Se os médiuns foram capazes de transmitir informações daqueles que eles acreditavam estar mortos, mas que na verdade estavam vivos, isso sugere que as informações provêm de uma fonte que não é o mundo dos espíritos?

Resposta: Sim.

CAPÍTULO 15

# *Hastes de luz e sinais estelares*

"Brilha, brilha, estrelinha, quero ver você brilhar..."
Canção infantil

"Não se sabe quem afirmou pela primeira vez que os pontos de luz que vemos no céu, os pontos de luz que chamamos de estrelas são, na realidade, como o nosso próprio Sol, mas situados no espaço a imensas distâncias quando comparadas àquelas do dia a dia."
Sir Fred Hoyle

O fenômeno que tinha começado simplesmente com orbes agora incluía luminosidades interativas e formas semelhantes a fadas, que acrescentavam outro elemento intrigante ao fenômeno. Mas nós nos perguntávamos aonde tudo isso ia nos levar.

Agora a nossa preocupação com os fenômenos já tinha começado a invadir o nosso horário de trabalho – era surpreendente que conseguíssemos fazer alguma coisa. Mas, além de imaginar aonde tudo aquilo ia nos levar, nós nos perguntávamos principalmente o que eram essas formas luminosas. Tínhamos buscado explicações naturais, como a teoria do plasma, e até sobrenaturais, mas nenhuma delas parecia nos oferecer qualquer resposta conclusiva.

As imagens semelhantes a fadas pareciam quase incríveis demais para serem verdadeiras. Mas ali estavam elas, tão evidentes quanto os bigodes de um gato! Felizmente o comportamento dos gatos pelo menos era coerente – e eles ainda só estavam deixando ratos e musaranhos sobre o capacho da frente, não pernas de duendes ou pedaços de fada!

Tudo era muito enigmático, mas não havia nada de sombrio ou assustador nos nossos fenômenos; e às vezes não podíamos deixar de ver o lado bem-humorado da situação, especialmente em algumas fotografias. Havia uma inteligência lá que certamente parecia ter senso de humor. A única coisa com que eu podia compará-la era os golfinhos. Isso pode parecer estranho, mas voltaremos a falar no assunto posteriormente. Na época, começamos a buscar qualquer tipo de pista que pudesse dar algum sentido ao que estava acontecendo.

Uma noite, quando estávamos caminhando à beira do riacho, os gatos, que decidiram aparecer, pareciam interessados em alguma coisa invisível para nós, numa das margens.

Poderia ser um ratão silvestre ou outra pequena criatura, mas nós dois sentimos que se tratava de outra coisa. Katie não tinha levado a câmera, mas eu estava com a minha e bati algumas fotos.

O resultado foi um belo globo de luz cercado por pequenas luminosidades. (Foto 45)

Embora não fosse uma forma alada, deu-nos a forte sensação de que era uma fada. Não muito depois disso, porém, fomos catapultados para fora dos reinos nebulosos das nossas preocupações com fadas, rumo ao mundo da ficção científica das outras dimensões!

Uma noite, como eu estava ocupado, Katie saiu sozinha com a sua câmera para ver se conseguia fotografar alguma coisa. Era uma noite cálida e ela sempre gostava de ficar ao ar livre, independentemente de haver algo fora do comum. Eis como Katie descreve o que aconteceu naquela noite de quarta-feira, dia 14 de julho de 2004:

"Assim que saí, não via a hora de entrar em contato com os nossos amigos, termo pelo qual eu costumava pensar neles. Eu estava feliz e sentia a empolgação de uma criança.

"Já tínhamos batido fotos de orbes bem grandes à beira do riacho e eu logo me acocorei num terreno ligeiramente mais alto, perto de um freixo, a uns três metros da cerca de loureiro, de onde podia ver a pontezinha de madeira. Quando olhei através do visor, vi uma haste vertical de luz branca que me deixou absolutamente surpresa. Isso era totalmente novo. Flash! Tirei a primeira foto. Permanecendo onde estava, esperei mais uns três segundos enquanto a câmera se recarregava. Flash! Tirei mais uma foto. A luz estava definitivamente se movendo horizontalmente, em frente à sebe de loureiro. Era impressionante! Flash! Disparei novamente, não esperando que ela ainda estivesse lá, mas estava! Tirei cinco fotos ao todo antes que a coluna de luz desaparecesse. Eu mal podia esperar para voltar para dentro e mostrar a John o que eu tinha fotografado!"

Tão logo entrou, ela me obrigou a deixar o que estava fazendo.

Nós descarregamos as fotos no computador e olhamos, estarrecidos, para a sequência de fotos. (Fotos 46 a, b, c, d)

Elas revelaram uma faixa ou haste de luz transparente que parecia cada vez mais brilhante e fina. Katie descreveu-a como se ela estivesse pairando no ar e movimentando-se para trás e para frente no sentido horizontal. Observada com mais cuidado, a "haste de luz" parecia conter aparentemente num tubo, pequenos globos ou orbes nas extremidades. Nós usamos a ferramenta "máscara de nitidez" do Adobe Photoshop, para melhorar as imagens. Agora podíamos ver que a coluna de luz vertical tinha mais 1,80m de altura, já que a cerca viva tinha aproximadamente 1,50m. No dia seguinte, usando alguns caniços, fizemos uma comparação visual aproximada da altura da coluna de luz. (A Foto 46X mostra a foto melhorada e a Foto 47 mostra a altura.)

Isso parecia confirmar que essa "haste de luz" tinha bem mais de 1,80m.

Mas o que ela era? Era óbvio que não se tratava de um orbe ou de nada semelhante a uma fada, a uma forma alada ou a qualquer outra coisa que tínhamos visto antes. E o fato de Katie ter tirado cinco fotos consecutivas de uma forma de luz em movimento era algo tanto notável quanto totalmente em desacordo com a explicação dada pela teoria do plasma. Agora tínhamos outro ângulo misterioso a acrescentar aos nossos fenômenos já intrigantes.

Um dos nossos amigos que a vida toda se interessara por Óvnis ficou igualmente intrigado quando lhe mostramos as imagens. Poderia ser algum tipo de portal? Já tínhamos sentido algum lapso no tempo? Achávamos que não. Na verdade, não sabíamos direito o que pensar sobre esse novo e estranho fenômeno! A sua aparição certamente me fez lembrar dos contos de ficção científica sobre passagens interdimensionais e filmes como *Stargate*. Mas, é claro, ficção não é realidade, embora algumas histórias de ficção científica tenham pressagiado tecnologias e avanços posteriores. A única coisa que sabíamos era que a "haste de luz" não correspondia a nada do que sabíamos do fenômeno até ali. Tínhamos agora um mistério completamente diferente, mas também tínhamos algumas ideias.

Seria, como as formas aladas, alguma outra forma de luminosidade? Em vista das nossas experiências anteriores acerca dessas coisas, parecia haver uma base razoável para essa suposição. Mas em termos de intuição, o que os nossos instintos nos diziam sobre as formas semelhantes a fadas e agora sobre a aparição súbita dessa "haste de luz" era que elas estavam ligadas e, a bem dizer, de alguma maneira vivas. Mas é claro que não tínhamos nenhuma prova disso.

Todas as nossas conjecturas sobre a consciência dos fenômenos estavam, até aquele momento, baseadas na nossa interpretação pessoal intuitiva de evidências circunstanciais.

Não percebemos, na época, que o surgimento da haste de luz anunciava uma nova e dramática reviravolta nos acontecimentos, quando, alguns dias depois, a mesma coisa se manifestou novamente.

Dessa vez Katie fotografou a mesma "haste de luz", ou algo parecido, zunindo em frente ao campo além do jardim. Ela voava a um ângulo de 60 graus ao redor dos arbustos de loureiro, mas dessa vez não estava suspensa no ar. (Foto 48 a, b, c)

Alguns disseram que ele se parecia com um disco voador em miniatura, mas estou mais propenso a acreditar que, nesse caso, o disco voador estava mais no olho do observador. Embora os portais estelares e as passagens interdimensionais tenham sido mencionados e discutidos anteriormente, não os encarávamos seriamente como uma possibilidade.

Depois da chegada das "hastes de luz", no entanto, ficou evidente que as formas semelhantes a fadas tinham parado de aparecer, embora ainda tirássemos fotos das costumeiras luminosidades em forma de orbes.

Aconteceram outras coisas estranhas por volta dessa época que vale a pena mencionar. Uma manhã, eu acordei cedo e, como não conseguia voltar a dormir, decidi deixar Katie dormindo e trabalhar um pouco. Em torno das 7:50 voltei para o quarto para ver se ela já tinha acordado e se gostaria de tomar alguma coisa. Katie acordou assustada e ficou meio desorientada por alguns instantes.

Então, antes que eu saísse do quarto para pôr a chaleira no fogo, ela começou a contar um sonho que tivera. No sonho, ela estava deitada na cama, incapaz de mover um músculo; e estava olhando para o teto. Flu-

tuando no ar, acima dela, havia dois grandes discos pretos e densos, como olhos, que se fundiram num olho escuro maior, à medida que ele chegava mais perto e preenchia todo o seu campo de visão. A princípio ela experimentou uma sensação de pânico, mas, depois que a escuridão a envolveu, um sentimento de paz e encantamento cada vez maior tomou conta dela, levando embora o medo.

Quando a escuridão se desvaneceu, ela viu que estava olhando para cima, na direção de um céu azul anil, onde pairava um brilhante artefato dourado de forma oval. Ela sentiu uma euforia repentina, como se se movesse para cima... e então... eu entrei no quarto! No momento em que me sentei na cama, Katie conseguiu se mexer outra vez, mas o artefato dourado tinha partido! Esse sonho lhe pareceu muito real e causou uma impressão duradoura sobre ela, deixando-lhe principalmente a sensação de ter participado de algo maravilhoso.

Nós dois já sabíamos algo sobre Óvnis e o fenômeno da abdução por alienígenas, e não tínhamos dúvida de que algumas pessoas interpretariam o sonho de Katie dessa maneira. Mas nós, particularmente, preferimos não tirar conclusões precipitadas.

Ao longo desse verão, tivemos um fluxo constante de amigos e parentes se hospedando em nossa casa.

Estávamos agora trabalhando em casa e muito ocupados. Portanto, eu muitas vezes deixava de descarregar no computador algumas das imagens dos cartões de memória da minha câmera.

O livro ia razoavelmente bem, mas estava longe de terminar. Estávamos na primeira semana de novembro e, ao voltarmos para casa, uma noite, depois de um compromisso fora, sentamo-nos na varanda para contemplar o céu noturno. Ele estava absolutamente claro e límpido, excelente para se contemplar as estrelas. Bem na nossa frente estavam as constelações de Gêmeos, Câncer, Unicórnio, Cão Menor, Órion e Cão Maior, onde Sírius, a Estrela do Cão, brilhava intensamente. Enquanto contemplávamos as estrelas, uma luz ainda mais brilhante apareceu, vinda de lugar nenhum. Esse estranho objeto pairou no ar sobre o topo das árvores por alguns minutos e depois se afastou lentamente da Cão Maior, para finalmente desaparecer na direção da constelação do Rio Erídano. Ela era quase da mesma magnitude de Vênus e obviamente não se tratava de uma estrela, aeronave ou satélite. Conheço quase tudo o que aparece no céu noturno e há muito tempo tenho interesse por astronomia.

Para nós, era definitivamente um Óvni, o que não é o mesmo que dizer que eram extraterrestres, apenas algo não identificado.

Na manhã seguinte, Katie estava ansiosa para ver as fotos que eu ainda não tinha descarregado, algumas delas datadas do início de setembro. Quando as vimos, uma em particular chamou a nossa atenção. Nessa foto, as cores, tamanhos e formação dos orbes pareciam decididamente fora do normal. (Ver Foto 49 a e b)

Os orbes dessa foto (49a) pareciam menos aleatórios do que nas outras, como se seguissem um padrão. Um padrão estranhamente familiar. Alguma coisa se agitou nos recônditos da minha mente. Por que ele parecia tão estranhamente familiar? Sem ter certeza do que estava vendo, eu comecei a repassar rapidamente todas as nossas imagens no computador. Então Katie localizou uma foto com outro aglomerado de orbes de aparência estranha. Como não tínhamos notado antes? Agora já eram dois, mas dois o quê? (Ver Foto 49b)

Katie disse, "É quase como se devêssemos ligar os pontos!"

Uma estranha ideia de repente me ocorreu, mas eu não disse nada a Katie. Rapidamente reduzi as duas imagens para que coubessem numa folha de sulfite e as imprimi. E, seguindo a minha intuição, fiz uma linha ligando os dois grupos de orbes que acabara de imprimir. (Ver Figura H) Katie se perguntava o que diabos eu estava fazendo. Então ela entendeu! Comparamos as figuras com as constelações dos nossos mapas astronô-

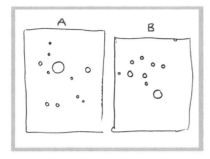

Fig. H

micos na parede, mas a escala estava totalmente errada – eles pareciam não se encaixar. Consultando os nossos livros de astronomia, começamos a procurar semelhanças. Não demorou muito para que encontrássemos!

Nós dois ficamos ali, olhando a figura, em silenciosa incredulidade. O traçado de uma das configurações de orbes correspondia quase exatamente ao diagrama da Cão Maior! A não ser por uma estrela, que estava faltando.

Mas, quando verificamos a foto, percebemos que ela estava lá! Eu tinha apenas me esquecido de incluí-la ao ligar os pontos. Agora, o aglomerado de orbes reproduzia 11 das 21 estrelas da constelação de Cão Maior. E, quando verificamos a data da foto, percebemos que era uma das que tínhamos tirado em setembro – mas agora, para nosso espanto, coincidentemente ela se relacionava de maneira direta com a noite anterior, em que observávamos estrelas e tínhamos visto um Óvni passar por Sírius, na constelação de Cão Maior!

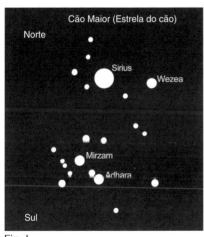

Fig. I

E muito embora eu tivesse reduzido a imagem por acaso, apenas para que as duas fotos coubessem numa folha de sulfite, essa imagem se casava perfeitamente com o diagrama estelar do livro de astronomia. A correspondência da Foto 49a é tão grande que causa arrepio. (Figura I Diagrama de Cão Maior)

O conceito de Jung de sincronicidade e a probabilidade astronômica de que essas coincidências significativas não tivessem acontecido por puro acaso pareciam particularmente relevantes aqui.

Mais uma vez as luminosidades tinham demonstrado uma sincronicidade inacreditável e, do nosso ponto de vista, daquela vez era muito provável que estivéssemos lidando com um fenômeno que evidenciava um propósito.

Mas com o que, exatamente, estávamos lidando? Com alienígenas? De fato, àquela altura, pensamos nessa possibilidade, principalmente à luz da conexão com Sírius, apesar de até agora não termos encontrado nenhuma estrela que corresponda à Foto 49b. Você está convidado a tentar.

Ao longo dos anos, muitas vezes acompanhei as missões espaciais exploratórias e me mantive a par de acontecimentos solares como alinhamentos planetários, o aparecimento de cometas e manchas solares. E, ao contrário de alguns observadores de estrelas ortodoxos, a vida toda me interessei pelo fenômeno dos Óvnis. Ainda que se trate de um tema controvertido, os indícios de que uma grande porcentagem de Óvnis tem origem extraterrestre faz valer a pena uma investigação mais cuidadosa.

Tudo o que descrevemos anteriormente – hastes de luz que se movimentam, estranhas luzes no céu, configurações órbicas que correspondem a constelações – faz com que a palavra "alienígenas" venha imediatamente à mente de algumas pessoas. E essa é uma possibilidade que consideramos, e depois rejeitamos, nesse caso. Embora eu tenha de enfatizar aqui que não rejeitamos a ideia de que os alienígenas existam, ou que estejam presentes no nosso sistema solar, estávamos tratando de uma questão diferente. Quanto mais refletíamos sobre todos os aspectos do nosso fenômeno, mais sentíamos que provavelmente não era mais conclusivo atribuir as misteriosas atividades a esquivos alienígenas do que ao mundo nebuloso dos fantasmas e espíritos.

As luminosidades, em certas circunstâncias específicas, sem dúvida poderiam parecer espíritos ou atividade alienígena. Mas não poderiam ser ambos – nenhum fantasma pilota discos voadores. Como no caso dos médiuns que se conectavam com mortos que na verdade estavam vivos, havia outra coisa em curso. Se considerássemos o caso em sua totalidade, era possível perceber que havia algo mais no fenômeno das luminosidades que não era nem alienígenas nem espíritos. Seria algo que eles extraíam da nossa mente e depois refletiam de volta para nós? No meio de tudo isso, tínhamos que manter claro na nossa mente que não se tratava apenas de um fenômeno fotográfico. Aquele era apenas o dedo que apontava para a Lua, não a luminosidade em si. Se queríamos entender o fenômeno, tínhamos de ir além das imagens e nos voltar para aquilo que o dedo aponta. O que procurávamos era o significado por trás do fenômeno. Até então tínhamos visto orbes, luminosidades interativas, fadas, hastes de luz em movimento e configurações estelares, tudo isso retratado agradavelmente diante de nós, num momento em que estava escuro o suficiente para que viéssemos a luz. E esse, evidentemente, era um dos três fios condutores que ligavam todos os aspectos do fenômeno: A Luz! Ela e a sincronicidade. E, subjacente a tudo isso, desde o início havia algo tão pequeno e familiar que passava muitas vezes despercebido pelas pessoas que passavam pela experiência: o Fenômeno das Luzinhas Transientes.

Espíritos, fantasmas, alienígenas: esses não eram fenômenos vistos no dia a dia, mas, para milhares de pessoas do mundo todo, o Fenômeno das Luzinhas Transientes era!

Será que havia outra coisa convivendo conosco? Por que os alienígenas, relatados por abduzidos ou contatados por canalizadores, sempre pareciam tão interessados no bem-estar e no estado do nosso mundo? Seria porque eles somos nós? Produtos do inconsciente coletivo humano? Ou porque eles estão ligados a nós, compartilhando este mundo conosco? Levando tudo isso em consideração, a impressão que tínhamos era que qualquer coisa que estivesse se manifestando como luminosidades, fadas ou sinais estelares, não provinha de uma vaga morada dos mortos ou de uma galáxia distante; estava bem ali junto de nós.

Tínhamos começado a seguir essa linha de raciocínio quando de repente as luzes literalmente desapareceram! Não havia mais fotos de orbes, nem de luminosidades de qualquer tipo. Para todos os efeitos, todo o fenômeno parou.

**Ângulos críticos:**

Perguntas: O aparecimento de uma coluna vertical de luz que se move horizontalmente sugere a possibilidade de um fenômeno tridimensional?

Resposta: Sim

Pergunta: O fato de uma configuração de orbes corresponder quase perfeitamente às estrelas da constelação de Cão Maior, onde na noite anterior tínhamos avistado um Óvni, sugere a possibilidade de um propósito consciente em ação?

Resposta: Sim.

CAPÍTULO 16

# *Formas luminosas*

Onde está o caminho para a morada da luz? E, quanto às trevas, onde é seu lugar?

Jó, 38:19

Continuamos a tirar fotos como sempre, mas durante as duas semanas seguintes não fotografamos nenhum orbe ou qualquer outro tipo de fenômeno. Em comparação com as nossas experiências anteriores, esse decididamente era um fato inusitado, que estava nos fazendo sentir não só perplexos como abandonados pelas luminosidades que tanto conhecíamos.

Será que elas tinham nos deixado para sempre? Tinham nos desertado? Por que o fenômeno não acontecia mais? Não sabíamos! Mas, então, um dia, tão de repente quanto tinha parado, ele voltou. E dessa vez não só as luminosidades voltaram. Havia outra coisa; algo muito diferente; algo incrível. Foi assim que tudo aconteceu.

Às três e meia da tarde o céu se incendiou com os efeitos de um pôr do sol rubro de outono, que irradiava raios de luz através dos nossos janelões e incidiam sobre a escrivaninha de Katie. À medida que escurecia, ela não conseguiu reprimir a vontade de sair outra vez e ver se as luminosidades tinham decidido reaparecer.

Como eu estava na metade de um desenho, disse-lhe para ir em frente e ver o que conseguia fotografar. Nada, provavelmente, pensei, embora Katie estivesse muito otimista. Então, ela me deixou trabalhando, pegou a câmera e saiu ao crepúsculo para tentar a sorte outra vez. Ela tinha feito a mesma coisa nas noites anteriores, sem nenhum resultado. Foi assim que ela descreveu os acontecimentos daquela noite:

"Fora de casa, caminhei alegremente pelos jardins, na companhia dos gatos, feliz por estar tomando ar fresco e me sentindo livre e leve outra vez. Nessa noite, eu estava com um sentimento de expectativa. Por alguma razão, simplesmente sabia que elas estavam de volta! No meio da trilha, bati a primeira foto do céu, por entre as árvores, e fui recompensada com uma grande luz cintilante! "Olá, outra vez!", ela parecia dizer! Nas fotos seguintes, ela pareceu estar mais perto ainda. Não havia dúvida de que as luminosidades tinham voltado. Andando pelo jardim, tirei fotos de todos os meus lugares favoritos: perto do riacho, sobre as pontes, nos bosques e ao lado da cerejeira. E em todos esses lugares eu agora via uma porção de centelhas de luz. Não havia dúvida, as luminosidades estavam de volta! Eufórica, eu sabia que elas estávamos fazendo contato outra vez. Eu me senti como numa brincadeira de pega-pega. No Vale das Fadas, parei e olhei em torno. Os gatos se aproximaram silenciosamente das minhas pernas; pareciam felizes e brincalhões. Eu também sentia um sentimento pueril de felicidade, só por estar ao ar livre à noite, tirando fotos no escuro outra vez.

Em voz alta eu disse, "Tudo bem, chega de brincar de esconde-esconde agora. Vou tirar as minhas últimas fotos bem aqui; portanto, apareçam!" No minuto seguinte, o visor da câmera se encheu de uma luz branca que chocou os meus sentidos visuais como um flash disparado, fazendo-me afastar rapidamente a câmera. Seria uma resposta às minhas palavras? Eu me senti envolvida pela luz. Ela estava em toda parte à minha volta. Eu podia senti-la! Os pelos da minha nuca estavam arrepiados e as minhas pernas pinicavam com a estática. Gritei, "Tudo bem, continuem vindo!", mas as chispas de luz, que eu mal podia enxergar, foram embora. Era o jogo de esconde-esconde outra vez. Continuei tirando as minhas últimas fotos. Depois as luminosidades se afastaram, entrando noite adentro, ou voltaram do lugar de onde tinham vindo. Voltei para dentro e mostrei a John o que havia visto".

Quando Katie entrou, na mesma hora pude ver que algo de extraordinário tinha acontecido e, quando ela me contou sobre a nítida presença que havia percebido, peguei a minha própria câmera e saí para tentar tirar algumas fotos, mas não consegui nada. O que quer que fosse já tinha ido embora. Voltando para dentro, vimos as fotos inacreditáveis que Katie batera.

Katie descreveu o que vira como uma luz branca eletrostática flutuante e, como as fotos mostravam, ela tinha fotografado algo muito mais empolgante do que os nossos velhos e conhecidos orbes.

Tratava-se de uma forma totalmente nova – uma forma de Luz! (Foto 50)

Ao observar suas fotos, fiquei surpreso e empolgado pelas incríveis imagens esfumaçadas. Elas pareciam quase vivas! Formas recurvadas e contorcidas clareavam a noite com o bombardeio de fótons do flash da câmera de Katie.

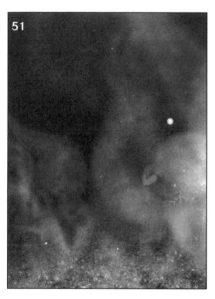

Na noite seguinte, nós dois saímos com as nossas câmeras. Katie estava convencida de que, se as chamássemos em voz alta ou em pensamento, essas novas formas de luz responderiam – e surpreendentemente elas responderam! Uma das minhas fotos favoritas é a que mostra Katie envolvida por uma forma de luz enfumaçada e ondulante e ladeada por luminosidades também.

Em caso de alguém se sentir tentado a atribuir as imagens meramente à neblina, adianto que não havia neblina naquela noite nem em nenhuma das outras vezes em que fotografamos essa nova manifestação. E também saímos várias vezes antes disso (e depois) nas mesmas condições e não conseguimos nenhuma foto.

Alguns poderão pensar que criamos essas formas de alguma maneira. Não criamos.

O que você vê nessas fotografias é exatamente o que apareceu. Os céticos são convidados a tentar reproduzir esses efeitos. Mas tão logo a nossa empolgação inicial passou, começamos a buscar, nós mesmos, qualquer causa natural possível. Rapidamente eliminamos a possibilidade de que fossem coisas óbvias, como cerração, chuva ou fumaça. Poderia ser a nossa própria respiração? Fizemos alguns testes, soltando deliberadamente a respiração no ar noturno. Não conseguimos nada ou o que conseguimos foi uma fumaça sem forma, bem diferente das formas vaporosas dinâmicas que tínhamos fotografado. Ainda assim, a partir de então fizemos questão de prender a respiração cada vez que tirávamos uma foto. Não que isso tenha feito diferença, pois muitas das nossas fotos posteriores continuaram revelando uma abundância de vapores brancos nevoentos, dançantes, rodopiantes, saltitantes, alguns imensos a ponto de encher todo o visor da câmera. Ocasionalmente, eles tinham um toque de cor. (Foto 52)

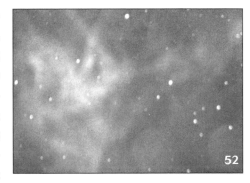

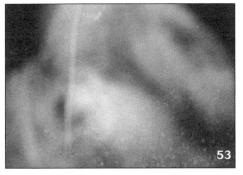

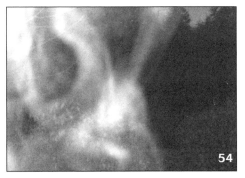

A maioria das formas rodopiantes não fazia sentido em termos humanos, mas às vezes nós e os amigos que as viram não pudemos deixar de localizar, na fumaça, imagens conhecidas. Uma, por exemplo, é o esboço da cabeça de um cavalo. (Foto 53)

Outra é como uma criatura alada ou um inseto. (Foto 54)

Mas é claro que, com toda a probabilidade, não se tratava de nenhuma dessas coisas. É mais provável que os nossos olhos humanos tentassem ver algo conhecido no desconhecido. A menos, é claro, que essas imagens servissem para que fizéssemos algumas associações visuais. Será?

As opiniões dos nossos amigos variavam. Alguns classificaram as imagens como vapores, outros como aparições. Mas, na verdade, ninguém sabia o que elas eram. Às vezes as figuras, ou as formas luminosas, como passáramos a chamá-las, pareciam se contorcer em algum tipo de dança flutuante. As próprias imagens tinham algo de quase orgânico. Mas o mais interessante e empolgante para nós era que elas pareciam nos responder e interagir conosco como indivíduos. Às vezes era como se estivéssemos ligados a outra consciência!

Como nunca antes a experiência parecia mais uma união, um compartilhar da alegria de viver. Katie sentia-a como se fosse um momento de comunhão com uma energia que muitas vezes a preenchia com uma sensação de total deslumbramento. Era quase mágico. Porém, por mais empolgada e encantada que estivesse com o fenômeno, Katie um dia explicou que agora também estava preocupada. A causa da sua preocupação partiu de um livro. Ela estava lendo na época os Manuscritos do Mar Morto. As referências à Bíblia a tinham feito lembrar a escola dominical que frequentara na infância, a sua crisma e as crenças daquela época. O livro falava em "seguir o caminho da luz" e "sair da escuridão para a luz", sendo a escuridão uma conhecida metáfora para aquelas coisas associadas ao mal e a luz significando tradicionalmente a retidão, a bondade, a verdade e todas as coisas de Deus.

Intelectualmente, ela sabia que as interpretações fundamentalistas das escrituras eram falhas. As suas doutrinas eram muitas vezes adulteradas para evitar que os crentes pensassem muito e para manter o rebanho unido no medo de se desviar. No entanto, Katie tinha se perguntando: será que elas estavam nos levando a nos desviar?

Seria possível que as estranhas coisas que estávamos vivenciando pertencessem, como em *Guerra nas Estrelas*, ao lado negro?

Deixe-me tentar formular essa questão de outro ponto de vista:

Qualquer pessoa que encontre o extraordinário e o paranormal deve, a certa altura, questionar a natureza do fenômeno com que está lidando. Será que ele é do bem ou do mal? Como definir o que é uma coisa e o que é outra? As definições de outra pessoa têm mais valor do que as nossas? Quando nos depararmos com essa questão, não devemos esquecer que o fenômeno paranormal não é apenas coisa de pessoas estranhas com crenças esquisitas; ou de conferências ou cultos da Nova Era. Ele sustenta a própria trama de todas as instituições religiosas do mundo. As crenças diárias de bilhões de pessoas estão alicerçadas na aceitação geral de certos acontecimentos paranormais. Estranhos fenômenos permearam, enriqueceram ou inspiraram todas as grandes religiões ao longo da história. Algumas crenças, aliás, passaram a existir justamente por causa do encontro de um indivíduo com um fenômeno incomum. O Catolicismo, por exemplo, apresenta inúmeras narrativas de acontecimentos miraculosos, aparições e visões, e algumas chegam às raias do francamente horrível e assustador, além de se assemelhar a práticas ocultistas que a própria igreja condena. Antigamente a igreja teria relegado as luminosidades à vala dos elfos e demônios. Mas, se alguma vez você já correu o perigo de acreditar que alguma religião, do passado ou do presente, é o árbitro exclusivo apontado por Deus para julgar o que é bom ou ruim, é útil lembrar o que a história tem a ensinar sobre a ignorância e estupidez religiosa. Houve um tempo em que até as salsichas eram consideradas, pela igreja romana, como obra do diabo!

E todo aquele que cultivasse quaisquer ideias sobre alguma coisa contrária ao dogma oficial era tratado com extremo rigor, principalmente se essas ideias, como as de Galileu e outros cientistas inexperientes, infringiam a visão oficial da realidade. O medo sempre foi o maior aliado do fundamentalismo; e é o medo que impele os homens a praticar más ações.

Galileu, cuja atenção estava voltada para orbes de natureza astronômica, enfrentou a Inquisição em Roma de 1633 e foi forçado, sob a ameaça de tortura, a desdizer a sua "falsa" visão de que a Terra girava em torno do Sol! Antes de Galileu, meros 33 anos antes, o escritor visionário Giordano Bruno já tinha sido queimado numa estaca por ousar ensinar a nova visão de Copérnico de que a Terra não era o centro do universo. Nós contemplamos esses acontecimentos em retrospectiva e pensamos que a Inquisição era terrível, mas ela era a consequência da ignorância e do dogma religioso.

Se a história da religião mundial nos ensina alguma coisa é a triste verdade de que aqueles que afirmam terem recebido a verdade de Deus das mãos dos anjos muitas vezes se comportaram como demônios! Isso é particularmente relevante hoje em dia, pois quando a expessão "fanáticos fundamentalistas" é usada, a maioria das pessoas geralmente pensa no fundamentalismo islâmico. Mas vale a pena lembrar que, do ponto de vista histórico, não faz muito tempo que grande parte da Europa ocidental vivia com medo dos fanáticos religiosos que compunham a Inquisição católica romana. O fundamentalismo de qualquer espécie é sempre nocivo para a liberdade humana e para aqueles que buscam a verdade.

Quando se trata da verdade – do que é bom e do que é ruim – a duplicidade tem sido uma característica da maioria das principais religiões. Até recentemente, nas eleições norte-americanas para presidente, os mesmos evangélicos que estavam protestando contra o aborto, porque ele é contra a santidade da vida, também estavam defendendo a pena de morte e a ação militar no Iraque! E tamanho é o poder ilógico e estranho da crença que muitos que aceitam sem questionar a transubstanciação – que na Comunhão, o pão e o vinho podem literalmente se transformar no corpo e no sangue de um homem – não conseguem aceitar que Óvnis, alienígenas, clarividência ou a capacidade de ver auras não sejam obra do demônio nem resultados de uma mente insana.

Parece que, em certas circunstâncias, tanto a ciência quanto a crença podem anuviar a nossa percepção da realidade.

A experiência paranormal pessoal é muitas vezes vista com suspeita tanto pela ciência quanto pela religião. O indivíduo vive num mundo de sistemas, religiosos, políticos e econômicos. E às vezes, quando a experiência pessoal contraria as visões geralmente aceitas pela maioria, a maioria fica com os nervos à flor da pele!

É bom que todos nos lembremos da importância da experiência individual. A base do judaísmo, do cristianismo e do islamismo, num certo sentido, poderia ser considerada o resultado de experiências paranormais individuais semelhantes aos atuais relatos de precognição e abdução alienígena. E o mais interessante: todas as três religiões do "Livro" têm em comum a crença de que a verdade foi transmitida aos profetas por intermediários celestiais não humanos.

Existe algo, algum outro nível de realidade, interagindo com a história humana, do começo ao fim. O resultado de algumas dessas atividades foi posteriormente diluído, reformulado e transformado em religiões. E, no entanto, apesar das crenças sistematizadas, existe algo no espírito humano que não se pode apagar. O apego inquestionável ao dogma, porém, seja religioso ou político, oblitera o pensamento criativo humano e mantém a humanidade subjugada e rastejante. Felizmente, dentro de todos nós existe a força subjacente daquele Ser de Luz superior, a borboleta do espírito que está em busca de voar!

Quando vemos formas aladas, em qualquer lugar, os seres humanos podem ver também uma metáfora, um sinal de esperança, de aspiração a um nível superior. Portanto, quando olhávamos as imagens aladas que fotografamos, vimos algo que falava da ascendência do espírito. Nos orbes e nas esferas luminosas vemos os símbolos da unidade. E nas manifestações dinâmicas e rodopiantes das formas luminosas, vemos alegria e transformação. Essas imagens, acreditamos, num certo nível falam diretamente ao aspecto espiritual da humanidade.

Mesmo assim, a maioria dos fundamentalistas cristãos com quem conversamos sobre o assunto vê esse tipo de fenômeno, como alienígenas e espiritualismo, como obra do demônio.

Infelizmente, o apego dogmático a algumas crenças fecha a mente e entorpece o espírito individual, que, em termos reais, é tudo que qualquer um de nós realmente possui. Se oferecemos essa parte de nós para que seja acorrentada e escravizada segundo a vontade de outros, passamos a não possuir mais nada.

Qualquer um que se torna escravo de alguma coisa perde a liberdade.

E é interessante notar que alguns dos maiores pensadores do mundo, como Apolônio de Perga, que estabeleceu as bases da geometria moderna; Hipócrates, um dos maiores médicos da Antiguidade, considerado o pai da medicina; Demócrito, o filósofo, que desenvolveu a teoria atômica do universo; e Pitágoras, que inventou o famoso teorema que tem o seu nome, todos eles viveram na Grécia antiga, numa era em que não havia sobre todos uma perspectiva religiosa autoritária que impedisse a liberdade de pensamento!

Em termos de esforços espirituais humanos, ao longo da história, apesar dos tempos em que prevaleciam dogmas rígidos, sempre houve uma grande variedade de fenômenos paranormais, incluindo sinais e símbolos, luminosidades e seres de luz, que contribuíram para a nossa busca espiritual como seres humanos. Talvez ajudando cada um a descobrir e liberar os seres de luz que existem dentro de nós.

Para descobrir a verdade por nós mesmos, cada um de nós precisaria primeiro ouvir as vozes da própria experiência, razão e intuição pessoais, antes de levar em consideração qualquer sistema de crenças. Para todos nós, simples mortais, sempre vale a pena lembrar que, por mais grandiosas que possam ser as alegações de qualquer grupo acerca da "Verdade", no final das contas, apenas se está lidando com indivíduos sujeitos às falhas humanas, como qualquer um de nós. Talvez quando John Lennon disse, "Não siga líderes", ele não estivesse errado. Um dos maiores mestres do último milênio, Krishnamurti, de fato desencorajava as pessoas a se tornarem "seguidores". Talvez ele soubesse dos perigos de tentar organizar a espiritualidade.

Pode-se dizer que praticamente tudo na vida tem um componente espiritual. Isso é especialmente verdade no caso de qualquer fenômeno paranormal pessoal, pois muitas vezes a exposição ao desconhecido resulta em experiências capazes de causar uma reviravolta na nossa vida e na expansão da consciência – o que sempre traz consequências na vida espiritual. As nossas luminosidades e formas luminosas não eram nenhuma exceção. As dúvidas de Katie quanto à natureza delas foram debeladas à luz do raciocínio e da razão, e da experiência pessoal. Todas as nossas experiências de formas de luz têm sido positivas, e a presença das luminosidades em nossa vida tem nos feito empreender uma busca espiritual por significado que vai muito além das visões comumente aceitas da realidade.

Nos três anos que estudamos as nossas luminosidades, sentimo-nos perplexos, intrigados, empolgados, mas nunca receosos. E, quando contemplamos as imagens recentes dessas formas luminosas impressionantes, sentimos um frêmito de expectativa, uma elevação do espírito. O que estávamos vendo era algo totalmente novo.

É quase como se elas quisessem que víssemos e sentíssemos que estavam vivas! Como se estivessem nos mostrando que são muito mais do que imagens bidimensionais.

Essas formas luminosas eram diferentes de tudo que já tínhamos visto antes. Até mais do que as formas aladas, elas pareciam estar nos oferecendo um vislumbre de outro reino da realidade. Estávamos agora certos de que "Algo" estava visitando os jardins e os bosques de Brackenbeck, e nos fazendo totalmente cientes da sua presença como entidade consciente. O que exatamente era, ainda não sabíamos. Mas fosse o que fosse, nós dois instintivamente sentíamos que era bom e tinha tanto direito de estar ali quanto nós. Ele podia vir com a noite, mas o que estávamos vendo e fotografando eram formas feitas de luz!

À medida que estudávamos as imagens, nós nos perguntávamos se o que víamos era o que outras pessoas chamariam de anjos ou seres espirituais. (Foto 55)

Será que o nosso fenômeno seria o que provoca visões de anjos?

Hoje existe um interesse pelos anjos e uma crença generalizada neles. O que são anjos?

No Novo Testamento, a palavra anjo vem do termo grego *angelos*, que significa literalmente mensageiro. No Antigo Testamento, a palavra traduzida como anjo é *malak*, que também significa mensageiro. Nos dois casos, a palavra anjo descreve apenas a função do ser; ele é simplesmente um mensageiro de Deus. O conceito de anjo deriva das civilizações antigas da Mesopotâmia e do Cristianismo do Novo Testamento. Mas hoje em dia os anjos transcendem qualquer religião em particular; eles são vistos como seres de luz ou puro espírito. A Bíblia fala de anjos da guarda e, tanto quanto a de mensageiros da esperança, essa ainda é considerada, por muitas pessoas, a sua função hoje em dia. Existem inúmeros livros interessantes sobre anjos e seus significados e não é nosso propósito aqui nos estender demais sobre todo o espectro de crenças que os cerca, a não ser quando elas estejam relacionadas ao nosso próprio fenômeno das formas de luz. Será que as formas luminosas seriam manifestações de seres angélicos?

Isso é perfeitamente possível! Em termos do significado original das palavras *malak* e *angelos*, um anjo é simplesmente um mensageiro, geralmente celestial, por isso nesse contexto das luminosidades e das formas luminosas poder-se-ia dizer que elas são anjos, pois vinham continuamente nos transmitindo mensagens em vários níveis, com respeito ao fato de sua existência. Se alguém desejar pensar nas luminosidades e nas formas luminosas dessa maneira, não temos nenhuma objeção, pois a pessoa não terá deixado de captar o espírito do fenômeno! Afinal, em todas as suas transições, de orbes, para luminosidades até formas aladas e formas luminosas, eles sempre deram a impressão de serem bons e positivos. Desde o início, sempre houve um aspecto celestial e extramundano no fenômeno.

Às vezes as figuras dinâmicas de formas luminosas retorcidas e onduladas pareciam quase dançarinos num balé (Foto 56), contando uma história à sua plateia. Mas, embora estivéssemos na primeira fileira desse espetáculo de luzes, ainda não tínhamos entendido o significado por trás das cenas. Curiosamente, nós dois estávamos pensando agora em termos de "eles", como se de fato fossem uma forma de vida inteligente não humana. Formas luminosas! De acordo com a minha própria experiência, só havia uma coisa com a qual eu podia comparar esse sentimento de estar na presença de uma consciência inteligente não humana.

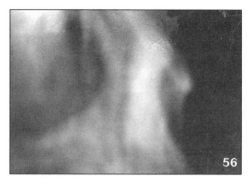

Uma vez eu tinha interagido com um golfinho e, só por um curto período. No entanto, essa ocasião foi suficiente para me convencer de que esses seres têm não apenas inteligência, mas também senso de humor.

O dr. Horace Dobbs, que fundou a International Dolphin Watch, muitas vezes se refere a essa espirituosidade inteligente dos golfinhos. E era justamente esse espírito brincalhão que sempre tínhamos notado e visto no comportamento das nossas luminosidades e formas luminosas. Tratava-se de algo que nos deixava de bom humor, que elevava o nosso espírito para além das preocupações deste mundo, no qual pisamos com as nossas botas de concreto e aço. Sentíamos o coração mais leve diante desse fenômeno da luz.

Algo que pode ser ou não relevante, mas assim nos parece, é o fato de que, fazendo uma retrospectiva das nossas fotografias, percebemos que muitas das nossas principais fotos foram tiradas nas proximidades da pontezinha de madeira. Foi nesse lugar que Katie viu a haste de luz que se movimentava e onde fotografamos os padrões de orbes que correspondiam à constelação de Cão Maior. Foi coincidência? Mas depois que se começa a pensar em sincronicidade, os significados parecem pipocar em todo lugar.

Também era interessante que uma das formas de luz (Foto 50) se parecesse com uma ponte, já que uma ponte é uma ligação entre um lugar e outro. Essa parecia uma analogia interessante – embora possa não passar disso. Nós certamente não deixávamos a desejar em termos de conexão criativa possível, mesmo que tenhamos deixado a desejar em termos de respostas concretas e ainda não compreendíamos o fenômeno muito bem. Mas, apesar da nossa falta de um conhecimento verdadeiro definitivo, de algum modo as sombras da dúvida sobre o que não sabíamos pareciam estar se dissipando.

Embora não percebêssemos, em algum lugar na escuridão o Sol estava raiando e estávamos prestes a divisar um mundo novo.

**Ângulos críticos:**

Pergunta: O aparecimento de novas formas de luz dinâmicas e móveis, que agora surgiam constantemente em substituição às formas semelhantes a fadas, sugere uma transição ou evolução do fenômeno?

Resposta: Sim.

Pergunta: Esse novo aspecto do fenômeno evidencia uma consciência interativa em ação?

Resposta: Sim.

CAPÍTULO 17

# *O ser de luz*

"Luz. Uma luz. Luz que é uma só, embora as lâmpadas sejam muitas."
The Incredible String Band

Desde a chegada das formas luminosas, a vida em Brackenbeck, externamente, continuava quase como antes; interiormente, porém, a história era outra. Na maior parte do tempo, embora devêssemos estar trabalhando, nossos pensamentos giravam em torno do estranho fenômeno. O que era? O que significava? Mentalmente, ficávamos o tempo todo meditando sobre ele. Agora tínhamos algumas pistas e uma ou duas possibilidades excitantes.

Por favor, tenha sempre em mente que não temos nenhum conhecimento especial, nem alegamos ter, sobre mensageiros dos deuses, mestres ascensionados, walk-ins, alienígenas híbridos ou qualquer outro tipo de superseres espirituais que você pode encontrar nas atuais convenções da Nova Era ou em festivais do tipo Mente, Corpo e Espírito. Somos apenas pessoas comuns, que encontraram algo extraordinário – tudo o que temos para transmitir são as nossas experiências pessoais, a nossa razão, a nossa imaginação e a nossa necessidade de descobrir a verdade.

Mas como uma pessoa descobre a verdade sobre algo desconhecido?

O fato é que, como Sherlock Holmes sem dúvida concordaria, o desconhecido nunca é tão desconhecido quanto pode parecer à primeira vista; sempre sabemos alguma coisa a respeito, mesmo que seja apenas que ele é desconhecido. Então, o que dizer do nosso caso em particular? Bem, havia certas coisas que definitivamente sabíamos sobre o nosso fenômeno e certas coisas que agora suspeitávamos a respeito dele. Primeiro, eis o que sabíamos:

1. Começou como orbes.
2. Às vezes é visível, como o Fenômeno das Luzinhas Transientes.
3. É fotografável. Portanto, deve existir no espectro visível.
4. Como orbes e luminosidades esféricas, o fenômeno mostra o comportamento físico e as propriedades das concentrações plasmáticas.
5. É capaz de mudar de forma.
6. Em todo o raio de ação do fenômeno, desde os orbes até as formas luminosas, evidenciou-se uma interação específica em seu comportamento.
7. A sincronicidade tem sido um fator constante pertinente a todo o fenômeno.

As nossas suspeitas, com base no que sabíamos, podem ser resumidas da seguinte maneira:
    a. O Fenômeno das Luzinhas Transientes ou é a forma visual do fenômeno ou um subproduto dele.
    b. Se isso for verdade, então ele está em todo lugar, não apenas em Brackenbeck.
    c. É consciente e responde aos pensamentos e/ou emoções humanos.
    d. Por alguma razão, interage conosco como indivíduos.
    e. Todas as suas atividades e expressões sugerem que o fenômeno tem um propósito.

Tudo ia muito bem, mas tivemos de descartar alienígenas, fantasmas e o sobrenatural em geral como explicações. Então o que nos restava? Fadas? Isso parecia altamente improvável como a verdade de fato por trás do fenômeno. E, de qualquer maneira, agora ele tinha passado das formas semelhantes a fadas para figuras orgânicas e espiraladas mais complexas, semelhantes a formas luminosas angélicas.

Depois de levar tudo em conta, parecia muito provável que as formas semelhantes a fadas, assim como os orbes, eram só uma fase; talvez outra forma do que quer que fosse que tivesse resolvido nos visitar. Ao longo de todos os aspectos do nosso fenômeno tínhamos sentido um tipo de inteligência espirituosa que, como já mencionamos, lembrava-me em particular outra inteligência não humana: os golfinhos. E como eu disse no capítulo anterior, eu só interagira com um golfinho uma vez, o que foi suficiente para me convencer de que ele possuía tanto inteligência quanto senso de humor.

Um dos maiores especialistas em golfinhos do mundo, o dr. Horace Dobbs, do International Dolphis Watch, se refere muitas vezes a essa inteligência e espírito brincalhão dos golfinhos, algo que tínhamos sentido constantemente no comportamento do nosso fenômeno.

Será que os golfinhos poderiam nos dar algumas pistas sobre o fenômeno com que estávamos lidando?

Os golfinhos são os intelectuais do mar e, de acordo com muitos especialistas, são pelo menos tão inteligentes quanto os seres humanos. Alguns diriam que até mais inteligentes. Eles não são apenas capazes de resolver problemas como também sabem tomar a iniciativa e têm um espírito brincalhão bem conhecido. Eles são provavelmente os únicos outros mamíferos inteligentes deste planeta comparáveis aos seres humanos, embora alguns possam não concordar com essa afirmação, porque falta-lhes braços e pernas, a capacidade de fazer fogo e de desenvolver tecnologia. No entanto, me parece que a ideia de que "se não é igual a nós não pode ser inteligente" é, ela própria, um ponto de vista pouquíssimo inteligente.

Só porque algo é diferente de nós não significa que seja menos que nós. O dr. Dobbs se refere ao que ele chama de "golfinhos embaixadores", que são os golfinhos solitários que parecem se aproximar por vontade própria das baías e braços de mar para interagir com os seres humanos, muitas vezes por períodos prolongados de tempo, como foi o caso de um, em Dingle Bay, na Irlanda. E é muito interessante pensar que, enquanto os homens estão em alto-mar estudando golfinhos, esses golfinhos embaixadores talvez estejam vindo até as praias para nos estudar.

Muitas pessoas que trabalham com golfinhos afirmam que eles transmitem uma energia positiva. Há quem diga até uma energia de cura. Os japoneses chamam essa energia de Chi e, como sabemos, essa é a energia simbolizada pelo Tai Chi ou pelo Yin e Yang, como a expressão da interação dinâmica dos opostos, da harmonia e do equilíbrio, encerrados dentro do círculo da Unidade.

O nosso raciocínio nos levou dos orbes para as formas luminosas e dali para os golfinhos, e de volta para o símbolo da Unidade: o círculo – o orbe!

Será, eu me perguntava, que estaríamos na mesma posição que os seres humanos que se encontraram com os embaixadores golfinhos – estaríamos sendo visitados por emissários curiosos mas amistosos, de uma inteligência não humana? Por incrível que pareça, seria possível que seja isso o que está por trás dos contos de fadas, das luzes fantasmagóricas, dos alienígenas e de outros estranhos fenômenos luminosos que parecem interagir deliberadamente com seres humanos às vezes?

Quando penso a respeito do inacreditável e do incomum, sempre me parece útil ter em mente aquela citação muito usada de Shakespeare sobre haver mais coisas entre o céu e a terra do que sonha a nossa vã filosofia. E ela se tornou ainda mais relevante tendo em vista o que aconteceu em seguida.

## O SER DE LUZ

Uma noite, quando voltamos de uma das nossas incursões pelos jardins em busca de luminosidades e formas luminosas, algo até mais empolgante aconteceu.

Era uma noite clara e sem chuva, mas não tínhamos conseguido nada. Enquanto Katie procurava pelas chaves, eu pressionei o botão para desligar a minha câmera digital Pentax. Mas ela não desligou. Em vez de desligá-la, por engano eu tinha pressionado o disparador. Inesperadamente o flash espocou. Katie tinha aberto a porta da frente e já estava entrando. Dei uma olhada na tela e o que eu vi me fez chamar Katie de volta. Nós dois contemplamos, estarrecidos, a imagem na câmera e depois nos entreolhamos. Até mesmo na pequena tela era óbvio que havia algo estranho na varanda. "Rápido, tire outra!" ela disse.

Eu tirei, mas era a minha última foto, e a máquina de Katie estava sem bateria. Corremos para dentro, loucos para ver se aquilo, na tela da câmera, era realmente o que parecia.

Quando olhamos as imagens no computador, não tivemos mais dúvida do que se tratava. Ali na varanda havia algo que se parecia com uma figura de vapor luminoso!

Cercado por uma nuvem delgada de neblina, ela estava flutuando entre a cadeira de junco e a pilha de lenha, com uma postura que lembrava a de alguém se movendo para a frente. (Foto 57)

Quase dois minutos e meio se passaram entre essa primeira foto, tirada por acaso, e a segunda, tirada deliberadamente. (Foto 58)

Mas na última foto não havia neblina, nem figura, nem nada. A varanda estava vazia. A noite, como você pode ver, estava clara e seca, sem nenhuma neblina. Apesar de menos dramática que as formas luminosas dinâmicas, essa imagem era mais empolgante porque ela tinha uma forma humana.

Talvez nós, seres humanos, nos impressionemos mais facilmente ao ver entidades não humanas que se pareçam conosco do que algo completamente estranho.

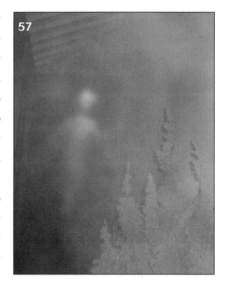

Algo que parece metade humano e metade outra coisa certamente tem o dom de nos fascinar. Talvez se algo tiver uma aparência ligeiramente humana seja mais fácil para nós o aceitarmos tanto como não humano quanto como inteligente.

Os seres humanoides de luz são imagens recorrentes tanto nos filmes de ficção científica quanto no fenômeno dos Óvnis. E nós agora tínhamos um praticamente passeando pela nossa varanda. Era uma reviravolta incrível nos acontecimentos. Quando, muito tempo depois, mostramos essa imagem para as pessoas, algumas delas, que já tinham passado por experiências fora do corpo ou encontro com alienígenas, reconheceram, quase sem nenhuma exceção, que se tratava de um "ser de luz".

Essa imagem impressionante, embora muito bem-vinda por aqueles que já tinham visto seres semelhantes, tinha os seus aspectos perturbadores. Uma coisa é teorizar a respeito de alienígenas ou inteligências superiores, quando você está lidando com um fenômeno que não tem nenhum atributo visual humano. Outra coisa bem diferente é topar, sem mais nem

menos, com uma forma de aparência humanoide. Mesmo em termos de comunicação, era evidente que o ser tinha aspectos comuns com os humanos. Pelo menos a capacidade de imitar.

A aparência dele parecia confirmar que talvez estivéssemos na pista certa quando pensamos numa inteligência não humana fazendo contato de modo muito parecido com os golfinhos embaixadores. Será que esse era o propósito de todo o fenômeno? Preparar-nos para a aparição dos seres de luz de aparência humanoide?

Nas semanas seguintes conseguimos muitas outras imagens do que parecia ser o mesmo tipo de ser de luz. (Foto 59)

Temos outras que, desta vez, ainda não podemos incluir aqui. Mas esse não é o final da história. Basta dizer que, embora fosse bom pensar que as luminosidades tinham nos levado a uma realidade em que seres de luz semelhantes aos humanos existiam, por alguma razão isso não parecia traduzir toda a verdade. Nem contar a história toda.

Parecia tudo muito certinho! E, embora estivéssemos agora fotografando esses "seres de luz", também tínhamos os orbes, as estranhas luminosidades, as fadas e as formas aladas! Fosse o que fosse, era óbvio que não tinha acabado ainda, ou éramos burros demais para ver o que estavam querendo nos dizer. Só não tínhamos dúvida de que esse ser de luz, mesmo sendo apenas uma imagem, falava diretamente ao espírito dentro de nós. Sentíamo-nos elevados pela sua presença. Ele nos lembrava de que, assim como toda lagarta tem dentro de si uma borboleta, cada um de nós tem uma natureza espiritual em seu interior, uma natureza que nos impele rumo à transformação. Se nós, seres humanos, somos crianças, do ponto de vista espiritual, talvez os adultos não estivessem muito longe.

## A IMAGEM

No final de uma tarde, alguns meses depois, tirei por acaso uma foto de Katie no Vale das Fadas. Ao descarregar as fotos, posteriormente, notamos algo incomum no canto superior direito de uma delas. (Foto 60)

Não era um orbe, nem uma forma luminosa nem um ser de luz. Desta vez estávamos olhando algo que parecia a parte superior de uma estátua! Quando ampliamos a foto e melhoramos a imagem, ela ficou com uma aparência ainda maior de estátua! (Foto 60A ampliada)

Essa imagem parece positivamente artificial. Ao contrário do ser de luz, nela não parece haver nada com vida. É como se fosse uma representação. Mas levando em conta todo o histórico do estranho fenômeno, essa imagem não é de maneira nenhuma única. Existem muitas outras imagens antropomórficas estranhas vistas e fotografadas, como a imagem gigante de Jesus fotografado no céu durante uma missão de bombardeio na Guerra da Coreia. (Figura J)

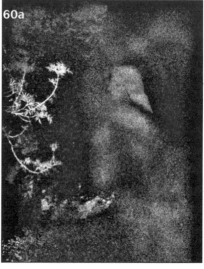

Ou a fotografia de uma figura brilhante parecida com uma Nossa Senhora, vista numa árvore em Metz, na França, ou a imagem de uma Virgem Maria numa torrada, vendida recentemente no Ebay.

Uma das imagens mais inusitadas dessas esquisitices foi a aparição da imagem do rosto de Henry George Liddell, o Reitor de Oxford, sobre o musgo de um muro da catedral, anos depois da sua morte. Nenhuma dessas estranhas imagens são fantasmas ou aparições; só elementos aleatórios que coincidiram de parecer imagens humanas que são reconhecíveis ou têm significado. Pode muito bem ser que a nossa imagem também

Fig. J

pertença a essa categoria e que não passe de um efeito aleatório de luz e sombra que por acaso se assemelha a uma estátua.

Mas, levando tudo isso em consideração, se olhássemos essa imagem no contexto de tudo o que tinha acontecido até então, seria possível que ela tivesse algum significado?

Quando pensamos em tudo o que havia acontecido, tudo o que tínhamos fotografado desde que os orbes tinham aparecido pela primeira vez, começamos a pensar numa possibilidade. Se essa imagem não fosse só uma coleção aleatória de pixels, se ela tivesse a mesma origem dos outros fenômenos, nesse contexto, o que ela significaria?

Bem, para começar, a imagem parecida com a estátua nos fazia pensar em arte e imagens, simplesmente porque ela parecia muito artificial. Começamos a pensar nisso.

Tudo o que tínhamos vivenciado até o momento sugeria uma consciência não humana e não material em ação. Portanto, supondo que estivéssemos de fato lidando com inteligências não humanas, o que uma imagem que lembrava uma estátua poderia ser? A imagem de uma representação. Mas o que isso significava? Ela poderia estar dizendo, por exemplo, que o ser de luz era a imagem de um ser, como uma estátua é uma imagem de uma pessoa, não o ser propriamente dito?

No mundo quase surreal das formas luminosas, isso estranhamente fazia sentido. Arte e imagens, fossem pinturas ou fotografias, são antes de mais nada meios de comunicação. Será que a inteligência por trás das formas de luz estava usando forças naturais como o plasma, a luz visível, as condições atmosféricas, etc., para se manifestar?

Seria possível que, se houvesse uma consciência envolvida, ela pudesse ter usado coisas familiares a nós e projetado-as de volta como imagens visuais ou gerado acontecimentos sincrônicos e respostas interativas?

Seguimos essa linha de pensamento e fomos um pouquinho além. Outras coisas pareciam se encaixar. Por exemplo, nós dois nos interessávamos por astronomia – por isso tínhamos encontrado as constelações estelares! Nós dois havíamos criado, no passado, imagens que incorporavam fadas, e Katie gostava particularmente de contos de fadas para crianças, por isso tínhamos encontrado algo semelhante a fadas! Katie tivera uma vez um sonho profético significativo – por isso tínhamos conseguido uma manifestação que lembrava uma imagem onírica especificamente para Katie!

O Fenômeno das Luzinhas Transientes tinha sido uma parte tão influente da própria busca espiritual de Katie que não poderia ser coincidência que tanto orbes quanto luminosidades estivessem conectados a ela, ou que tivéssemos testemunhado sincronisticamente os mesmos efeitos de luz quando passamos a morar em Brackenbeck, onde praticamente todos os outros fenômenos ocorreram. Parecia haver muitas ligações ali relacionadas a nós como indivíduos.

Nesse contexto, tudo parecia fazer um estranho sentido.

A paixão de Katie, desde que deixara a escola, tinha sido a pintura e, desde que se mudara para Brackenbeck, ela tinha começado a retomar a sua carreira como artista contemporânea; seria coincidência que tivéssemos testemunhado uma sucessão de fenômenos visuais notadamente centrados num aspecto decisivo da arte – a comunicação? Depois de quase quatro anos de quebra-cabeças visuais, seria possível que a imagem semelhante a uma estátua tivesse a chave do mistério?

Se há realmente uma consciência não humana dividindo este mundo conosco e essa inteligência tem uma energia não física, como o Chi, seria possível que ela se conectasse à mente humana às vezes por intermédio de formas e acontecimentos significativos para os seres humanos, mas que não fossem necessariamente formas autênticas dessa consciência? Seria possível, ainda, que essa consciência estivesse demonstrando que tudo que estávamos vendo era um tipo de comunicação de uma inteligência não humana e imaterial tão real quanto nós mesmos? Se isso era verdade, então podíamos deduzir que essa inteligência sabia muito mais sobre nós do que nós mesmos! E também que esse tipo de consciência não estava restrito ao mundo tridimensional que nos limitava.

Se o que tínhamos encontrado e fotografado em Brackenbeck era o mesmo fenômeno que ao longo da história tinha provocado relatos no mundo todo acerca de luminosidades, luzes fantasmagóricas, fadas e talvez até alguns casos de abduções alienígenas, então aparentemente se tratava de uma inteligência que mantinha contato com a humanidade há muito tempo. Nesse contexto, embora ela fosse capaz de se manifestar no nosso mundo material, era mais provável que existisse em outros níveis, não detectáveis para nós.

Talvez eles (e sentíamos que eram "eles" em vez de "aquilo") fossem capazes, como seres humanos que atravessam os mares, de se locomover pelo mar da nossa existência, passando pelo nosso ambiente (ou se manifestando nele) por motivos próprios. Se inteligências superiores imateriais de fato existem, talvez, como os golfinhos embaixadores, algumas venham de vez em quando nos estudar. Ou talvez algumas estejam numa missão, tentando ajudar as formas de vida material a se desenvolver e a se transformar em seres espirituais superiores. Ou será que eles não são alienígenas coisa nenhuma, mas aquilo em que podemos nos tornar?

Eram possibilidades interessantes – se o nível de realidade das formas luminosas é diferente do da nossa, digamos como o nosso nível de existência é diferente do mundo das bactérias, então talvez não devêssemos ficar tão surpresos pelo fato de muitos fenômenos paranormais serem totalmente inexplicáveis! Especialmente se o que consideramos paranormal for um subproduto causado pela sobreposição de realidades. Se, como a história comprova, as formas luminosas forem ativas, elas afetam a consciência humana?

No âmbito do que aprendemos até agora, parece muito provável que elas afetem. Talvez estejam intimamente ligadas a nós e ao nosso nível de existência de maneiras que estão quase além da nossa compreensão.

Muitos dos que examinam as nossas imagens de seres de luz inevitavelmente pensarão em alienígenas, como as entidades do filme *Cocoon*, ou em fantasmas e espíritos. Não que também duvidemos que alienígenas ou espíritos existam ou de que a sua existência acabará por ser comprovada. Tudo o que podemos dizer é que, no nosso caso em particular, não nos parece que sejam nem alienígenas nem espíritos ou que eles se encaixem em todo o contexto do que vimos.

O nosso ponto de vista é o seguinte:

1. No mundo todo, a ocorrência de orbes e luminosidades está aumentando.
2. Orbes e luminosidades têm mostrado que são formas fotografáveis de Luzinhas Transientes, um fenômeno que parece estar em toda parte.
3. No nosso caso particular, as formas semelhantes a fadas, as formas luminosas e os seres de luz estão todos diretamente ligados aos obres e às luminosidades – que são aspectos de um fenômeno que pode se manifestar numa multiplicidade de formas.
4. Esse fenômeno é gerado por uma inteligência imaterial (ou é a expressão dela). A pergunta é: que inteligência é essa?

**Ângulos críticos:**

Pergunta: O aparecimento de um ser de luz humanoide necessariamente significa que essa forma é uma representação visual mais verdadeira do que os orbes, as fadas e as formas luminosas?

Resposta: Não.

Pergunta: Podemos mostrar uma provável ligação entre todos os principais aspectos do nosso fenômeno, como as luzinhas transientes, os fenômenos luminosos fotografáveis, as sincronicidades com significados pessoais e as respostas específicas a indivíduos?

Resposta: Sim

Pergunta: Tudo o que sabemos para datar o fenômeno historicamente, pessoalmente e mundialmente implica que ele é gerado por uma inteligência imaterial?

Resposta: Sim.

CAPÍTULO 18

# A questão do fenômeno

"Aprendi a levar tudo em consideração, porque você nunca sabe se uma coisa vai se tornar relevante para algum outro acontecimento estranho."
   Colin Andrews, pesquisador dos círculos nas plantações

Desde a aurora dos tempos eles têm estado conosco: esferas, orbes, estranhas luminosidades e seres de luz. O extraordinário fenômeno luminoso tem uma longa história em todo o mundo.

Especialmente as luminosidades órbicas, vistas em encontros visionários, em sonhos e no subconsciente humano. Luminosidades, formas luminosas e seres de luz não foram apenas elementos importantes em muitas experiências paranormais individuais, mas também compuseram os alicerces de algumas das principais religiões e crenças do mundo.

A Bíblia, o Alcorão e as Escrituras Hindus, todos eles contêm referências a símbolos e fenômenos visuais muito parecidos com as luminosidades, as formas de luz e os seres de luz vistos por pessoas comuns ao longo da história. Se você já se deu ao trabalho de verificar os arquivos da maioria dos jornais do mundo todo, descobrirá que referências a bolas de fogo, esferas e luminosidades estranhas aparecem abundantemente desde 1840 até os dias de hoje. Em 1905, o *Sydney Herald* já publicara várias reportagens sobre esferas resplandecentes vistas por muitos leitores durante manifestações incomuns de Auroras Boreais sobre a Inglaterra. Luminosidades e formas luminosas de vários tipos são também documentadas como sendo associadas a fenômenos espirituais, assombrações, abduções alienígenas e relatos de experiências de quase-morte ou fora do corpo.

Luminosidades não são somente um fenômeno extraordinário: bem-vindas pelos crentes e desprezadas pelos céticos, elas também são um fenômeno muito conhecido de inúmeros seres humanos ao longo das eras. Na verdade, paradoxalmente, às vezes tão conhecido que passa quase despercebido! Nós, seres humanos, somos grandes compartimentalizadores, gostamos de guardar as coisas em caixas rotuladas direitinho, para que saibamos onde encontrá-las da próxima vez. Orbes, luminosidades, fadas, formas luminosas e seres de luz geralmente são arquivados com vários rótulos diferentes, dependendo do contexto, como alienígenas, o sobrenatural, manifestações espirituais, relâmpagos globulares, fenômenos naturais, visões religiosas, etc. Mas, se desconsiderarmos as circunstâncias de cada caso e verificarmos as propriedades e o comportamento do próprio fenômeno, começamos a ver semelhanças evidentes.

Luminosidades/formas de luz começam a adquirir um novo significado se os virmos praticamente como aspectos do mesmo fenômeno, que talvez seja a manifestação ou a expressão de uma consciência não humana presente neste mundo conosco.

Seria possível que não sejamos os únicos nem a forma de vida mais inteligente da Terra? É possível que exista algo que ainda não conhecemos?

Onde quer que você esteja no momento, olhe em torno e veja quantas pessoas estão presentes.

Não importa se você está numa cafeteria, na faculdade, no trabalho ou num supermercado, não importa quantas pessoas você vê, elas são a forma de vida em menor número à sua volta. A maioria das formas de vida deste planeta é geralmente invisível ou imperceptível. Insetos, bactérias, germes – no nível físico comum, do cotidiano, existem milhões dessas criaturas para cada ser humano! E não é bom dizer: "E daí? Só os seres humanos é que realmente interessam, pois só eles têm bombas e TV digital!" Errado!

Mesmo que uma guerra atômica dizimasse toda a raça humana, a maioria dos insetos sobreviveria. E, em termos da nossa sobrevivência, se não fossem trilhões de amigáveis bactérias invisíveis estaríamos todos mortos. É um erro pensar que algo não tem importância só porque geralmente não sabemos que ele existe. Alguns dos mais perigosos organismos deste planeta são microscópicos – pense apenas nas epidemias do passado que ceifaram milhões de vidas e na febre aviária dos dias de hoje, que amedronta tanta gente. No dia a dia, a que todos nós já estamos acostumados, vivemos numa realidade que tem muitas camadas sobrepostas, repletas de uma infinidade de formas de vida invisíveis. A maioria, se não todas, tem um significado na nossa existência, tanto como espécie quanto como indivíduos.

A verdade é que as sociedades humanas são tão intensamente centradas no humano e exigem tanto do nosso tempo e da nossa atenção que a grande maioria das pessoas só tem uma vaga consciência, se é que tem, da realidade mais ampla da qual somos apenas uma parte. Seria possível que, tal como as formigas do nosso jardim – que não têm a mais remota consciência de nós como seres individuais, para não citar o vasto mundo ecológico, espiritual, político e econômico em que habitamos –, nós também estejamos totalmente alheios a outros níveis de realidade? Níveis que talvez estejam tão inter-relacionados conosco quanto nós estamos com as criaturas do nosso jardim? As várias criaturas que, aliás, estão totalmente inconscientes de que aquilo é um jardim!

A nossa visão só pode detectar uma fração do espectro eletromagnético. Até no nível físico existe muito mais do que somos capazes de enxergar naturalmente. E o que dizer de outros níveis de realidade, além do que podemos detectar? Quando passamos de um cômodo para outro, na nossa casa, estamos atravessando um ambiente que contém milhões de formas de vida microbianas; nenhuma delas é capaz de registrar nossa existência como indivíduos. A nossa presença, no entanto, se impingida sobre o nível de existência dessas criaturas, certamente as perturbará e estimulará. Nós e os micróbios partilhamos o mesmo mundo, mas em níveis de realidade muito diferentes. É possível que alguma coisa "diferente" de nós exista e às vezes passe pelo nosso mundo, deixando um rastro de fenômenos inexplicáveis que nada mais são do que indicações da sua passagem?

É possível que exista outro nível de realidade habitada por seres não materiais tão diferentes de nós quanto somos dos micróbios?

Algumas pessoas olham os golfinhos e acham que eles são peixes simplesmente porque têm barbatanas em vez de mãos. Outras, um pouco mais esclarecidas, os veem pelo que eles são: mamíferos inteligentes que vivem no mar. Outras ainda reconhecem algo neles que está além da forma. Reconhecem uma consciência inteligente – e tentam entendê-la, tentam se comunicar com ela. É isso o que seres conscientes fazem – tentam se comunicar com outros diferentes deles. É disso que se tratava o programa SETI (Search for Extraterrestrial Intelligente, Busca por Inteligência Extraterrestre). Ele era uma expressão da nossa necessidade como espécie de encontrar e se comunicar com algo diferente de nós.

Alguns diriam que é por isso que os seres humanos buscam Deus, ou o Grande Espírito, ou os anjos, ou alienígenas, ou qualquer outro tipo de entidade cósmica.

É quase como se tivéssemos uma necessidade interior programada para buscar a comunicação com algo que não seja como nós. Formas de vida superiores talvez? Será que somos impelidos a transcender a nossa existência física? Será essa a natureza de borboleta que existe dentro da lagarta, que busca a capacidade de voar? Que busca o seu hábitat natural? A comunicação com outro nível de realidade está presente em todas as crenças deste planeta. É quase como se o nosso cérebro, a nossa mente, até a nossa consciência, à semelhança de transmissores de ondas de rádio, fossem projetados para buscar algo além desta realidade.

Ao longo da história, indivíduos, místicos, religiões e crentes de todos os tipos de seitas têm procurado se sintonizar, por meio da meditação, da prece e da experiência pessoal, buscando frequências, ouvindo, tentando se comunicar com algum outro ser, algo que transcenda a nossa realidade humana comum. Por quê? Será possível que nós, como as formigas do nosso jardim, sejamos parte de uma realidade maior, que inclui uma consciência não humana para a qual fomos atraídos e à qual estejamos possivelmente ligados? É possível que, para uma inteligência superior não material, sejamos tão limitados, da sua perspectiva, quanto os golfinhos o são para nós?

Não importa o quanto um golfinho possa ser inteligente, o fato é que, em termos humanos, faltam-lhe capacidades físicas para a criatividade e a criação de tecnologia. Faltam-lhe os dez dedos que temos. Por causa disso, ele não pode existir fora do seu ambiente; diferentemente de nós, ele não pode levar consigo uma versão minimizada do seu ambiente. Nós podemos mergulhar em ambientes estranhos como o mar, e sobreviver. Mas nenhuma espécie que habite os mares pode sobreviver no nosso ambiente, não sem a nossa ajuda. Nós precisamos de ajuda? Todas as religiões dizem que sim.

Pode ser totalmente inconcebível para alguns pensar na existência de uma inteligência superior não material ou de outros níveis de realidade. Mas, na verdade, para um peixinho dourado, o mundo além do aquário também seria inconcebível. No entanto, ele existe. Seria possível que, apesar da crença de sermos a espécie dominante do planeta, sejamos como os golfinhos, extremamente inteligentes, mas limitados pelos nossos parâmetros físicos?

Menos lisonjeiro ainda, somos nós, num outro nível, como os micróbios – limitados em termos das nossas percepções e consciência?

Para tentar entender as formas luminosas tivemos, por necessidade, que investigar a questão da consciência. Existem certamente aspectos da consciência humana não explicáveis em termos psicológicos aceitos. Isso inclui a precognição, a telecinese e a telepatia. De acordo com alguns psicólogos, nem a sincronicidade, apesar de Jung, é considerada real! Recentemente, numa conferência, ouvi um palestrante, ao ilustrar uma questão, contar a história de quando lhe negaram a permissão para ver os filhos com base na ideia de que ele tinha uma personalidade esquizoide. Quando ele perguntou à psicóloga porque ela fizera aquele diagnóstico, ela lhe disse que era porque ele acreditava na energia Chi, que para ela não era real; consequentemente, seu parecer era o de que ele vivia num mundo ilusório!

De acordo com a mentalidade egocêntrica e fechada evidenciada por essa psicóloga, Jesus, Buda, o Dalai Lama e quase metade da população do mundo deveriam estar numa camisa de força! A energia Chi é uma das formas mais amplamente usadas e comprovadas de energia não material. A sua existência, sob vários nomes, é reconhecida por muitas crenças, e ela é fundamental em muitas artes marciais e práticas milenares como a geomancia e a acupuntura.

Seja o que for que mentalidades pouco esclarecidas como a dessa psicóloga pudessem rigidamente afirmar, isso seria apenas resultado do medo de qualquer coisa diferente do que prevalece na ortodoxia em geral. A acupuntura, que tem mais de cinco mil anos e se baseia no conceito da energia Chi, é amplamente usada com sucesso no mundo todo. Recentemente, pacientes têm sido anestesiados até para cirurgias cardíacas por meio da acupuntura.

Durante a redação deste livro, notamos que a medicina ortodoxa agora tem sido obrigada a admitir que a acupuntura pode de fato funcionar. Impressionante! Essas seriam notícias reconfortantes para aqueles que a têm praticado com êxito ao longo dos últimos cinco mil anos!

O fato é que práticas como a acupuntura costumam ser encaradas com suspeita porque são baseadas num conceito de realidade totalmente diferente do aceito no Ocidente. E, como podemos ver com base no caso da acupuntura, não é porque algo não é aceitável para nós ou não pode ser cientificamente provado que ele não é real!

Em vista das nossas especulações concernentes à existência de outro nível de realidade, de onde acreditamos que possam provir as nossas formas luminosas e outros fenômenos paranormais, pode ser interessante investigar mais a fundo a energia Chi.

A existência da energia Chi, como a paranormal, não é aceita pela maioria dos cientistas e psicólogos ortodoxos. Contudo, gostem ou não, milhões já deram testemunho da existência extremamente real de uma energia não material subjacente a práticas testadas e comprovadas como a acupuntura, a reflexologia, a terapia das cores, o shiatsu, a cinesiologia, a medicina ayuravédica e artes marciais como o Tai Chi, o Aikido e o Kung Fu.

## A ENERGIA CHI

A ideia de Chi se baseia num conceito de realidade inteiramente diferente do aceito na ciência ocidental e muito mais antigo do que as nossas atuais noções de realidade.

Basicamente, na visão chinesa antiga, a energia fundamental que mantém o universo coeso é conhecida como Chi. Essa energia flui através de todas as coisas deste mundo e em todo o universo. Ela conecta tudo. Mas não se trata de uma energia física, como o magnetismo, embora flua através de todos os sistemas de energia e os afete. No corpo humano, a energia Chi flui através de linhas de força chamadas meridianos e está mais concentrada em sete centros energéticos conhecidos como chakras e designados pelas sete cores do arco-íris. Curiosamente, as luzinhas transientes que Katie vê com frequência, perto das pessoas ou acima delas, são predominantemente cor-de-rosa e roxas, talvez refletindo os matizes violeta do chakra da Coroa, que é o centro espiritual mais elevado do corpo e, por coincidência, conhecido como um portal para a comunicação espiritual. Isso parece bem apropriado no contexto das nossas teorias sobre o fenômeno. Outras pessoas que também veem luzinhas transientes também se referem a essas cores em associação com pessoas. Quando considerada como prana, essa energia é muitas vezes vista como uma infinidade de luzinhas piscantes. Exatamente o mesmo fenômeno que Katie e muitas outras pessoas veem. Mais uma vez temos uma possível conexão com o Chi.

É o Chi que energiza os campos de energia ao redor do corpo e que são coletivamente conhecidos como aura e vistos por alguns adeptos. No entanto, nada disso é aceitável para a ciência ortodoxa pelo fato de não poder ser testado ou provado cientificamente, de acordo com o nosso atual entendimento. Mesmo assim, ainda é impressionante para alguns, e nada surpreendente para outros, que a energia Chi funcione!

O que podemos comprovar cientificamente é que os corpos humanos são bioeletroquímicos, em sua composição, e que todos os processos cerebrais são essencialmente eletromagnéticos. Por causa disso, os seres humanos são afetados pela exposição tanto direta quanto indireta aos campos eletromagnéticos externos. Dependendo do grau da exposição, esses efeitos podem ser tanto físicos quanto emocionais, às vezes com resultados formidáveis.

Aqueles que aceitam a realidade da energia Chi também atestam que o corpo humano, quando energizado pelo Chi, é capaz de proezas impressionantes, produzindo efeitos tanto físicos quanto mentais sobre outras pessoas e até sobre animais e objetos.

Anos atrás, eu participei de um curso sobre artes marciais chinesas. Essa sessão em particular foi conduzida por um senhor chinês muito idoso e de pele enrugada, que era mestre em Tai Chi Chuan. Durante a noite ele pediu ao homem mais forte da sala para tentar tirá-lo do lugar. Esse homem tinha mais de 1,80m de altura e parecia o irmão maior do Arnold Schwarzenegger. O homenzinho chinês era velho e franzino e mal chegava a 1,50m de altura. Qualquer pessoa apostaria que o homem mais novo e maior tinha mais chance. Mas estaria redondamente enganada. Tudo o que o homenzinho chinês fez foi ficar de pé com os braços para baixo, mas, apesar de todos os esforços do outro homem, ele não conseguiu movê-lo nem um centímetro. Nenhum de nós poderia! Como isso é possível?

Em termos puramente físicos, isso não faz sentido nenhum. Parecia totalmente improvável que um homem grande e forte, na casa dos 30 anos, não conseguisse tirar do lugar um homenzinho frágil de mais de 70 anos. Havia alguma outra coisa em ação ali, que não era explicável em termos da física comumente aceita nos dias de hoje. Nada mal para algo que a ciência ortodoxa diz que não existe. O que mais pode existir que nos dizem ser impossível? Outro nível de realidade? Uma consciência não humana superior, talvez até seres de luz?

Para aqueles que talvez não tenham experiência prática dos conceitos orientais da energia Chi, existe um experimento simples que qualquer um pode fazer para descobrir que a capacidade de mover objetos nem sempre está relacionada com a força física bruta. É uma experiência interessante para fazer com os amigos. Para realizá-la, você precisará de cinco pessoas. O sujeito se senta numa cadeira, enquanto as outras quatro tentam levantá-lo no ar colocando o dedo indicador embaixo dos braços e dos joelhos dele. Isso naturalmente se revela impossível. Então, as quatro pessoas colocam as mãos sobre a cabeça dele, uma sobre a outra, sendo que a primeira coloca a mão direita sobre a cabeça dele, seguida da mão esquerda de outra pessoa e assim sucessivamente, até que todas tenham colocado as duas mãos na pilha. Elas então devem se concentrar firmemente na imagem de que estão levantando o sujeito da cadeira por 25 segundos, aproximadamente. Então, a um sinal, elas removem ao mesmo tempo as mãos e colocam os indicadores sob os braços e joelhos do sujeito e tentam erguê-lo do assento. Dessa vez ele é erguido no ar sem que seja necessário nenhum esforço. Impossível? Sim! Mas funciona. Por quê?

Outra indicação de que existe uma consciência universal entrelaçada ao mundo material é a eficácia da psicometria, a prática de captar informações de objetos inanimados sobre pessoas vivas ou falecidas que podem estar associadas a eles. Isso é algo que qualquer pessoa pode fazer, com graus variados de sucesso, pois naturalmente alguns têm mais aptidão para a psicometria do que outros. Tudo o que você precisa fazer é pedir que alguém lhe dê um objeto do qual você nada sabe. Pode ser qualquer coisa. No começo é melhor que você não o veja, para evitar que a sua mente lógica faça associações erradas; portanto faça isso no escuro ou de olhos vendados. Com o seu amigo presente, segure o objeto por alguns minutos, mas não pense nele. Pense em outra coisa. Deixe que as suas mãos sintam o objeto sem pensar. Qualquer pensamento ou impressão estranha que lhe venha à mente, diga em voz alta para o seu amigo, mesmo os que não pareçam fazer sentido algum. É importante também que o seu amigo, que de fato conhece o objeto, não faça nenhum comentário. Depois de vinte ou trinta minutos, você talvez fique surpreso com a quantidade de informações corretas que conseguiu acerca de um objeto do qual nada conhecia.

Algumas capacidades ditas paranormais como a psicometria e a telecinese estão provavelmente ligadas à energia Chi ou são parte dessa energia, que, por sua vez, provavelmente também está ligada ou é a expressão de forças não materiais que existem em outro nível de realidade. Pesquisas sobre todos os tipos de fenômenos paranormais indicam firmemente que às vezes podemos nos relacionar com alguma forma de energia que não é regida pelas leis da física como atualmente as compreendemos. Curiosamente, nos momentos e lugares em que predomina o pensamento positivo, ou atividades psíquicas ou espirituais estão sendo realizadas, muitas pessoas afirmaram ver exatamente os mesmos tipos de luzes faiscantes que Katie vê. Essa é uma manifestação visual do prana ou da energia Chi e mostra uma ligação entre essa energia e muitos tipos de fenômenos extraordinários. Os fenômenos ligados a luzes pequenas ou grandes estão muitas vezes associados a experiências visionárias, às vezes incomuns, como as testemunhadas em Fátima, Portugal, em 1917.

No contexto dos nossos fenômenos, esse é um caso particularmente interessante, pois abrange tanto luminosidades quanto formas luminosas.

## LUMINOSIDADES MILAGROSAS

Existem relatos escritos sobre Fátima e para aqueles interessados na história completa, recomendamos que os leiam. Para os propósitos deste livro, só analisaremos os aspectos que se relacionam com o nosso próprio fenômeno.

Em geral considerado pelos católicos como uma aparição milagrosa da Virgem Maria, o incidente de Fátima concentra-se em três crianças camponesas que, em 13 de maio de 1917, estavam pastoreando ovelhas quando viram uma grande luz. Ao se aproximarem da luminosidade, elas se viram envolvidas por uma luz brilhante que quase as cegou. No centro da luz elas viram um ser de luz que depois descreveram como uma mulher pequena. O ser de luz falou com elas e pediu que voltassem todos os meses ao mesmo lugar. Naturalmente, esse relato causou muito interesse entre os supersticiosos aldeões da região.

Na segunda aparição, havia cinquenta pessoas presentes, além das três crianças, a maioria delas católica. Dessa vez as crianças aparentaram estar na presença de alguém invisível aos espectadores. No final do encontro, todas as testemunhas ouviram um som como uma explosão e viram uma luminosidade enfumaçada se elevando perto de uma árvore. Na terceira aparição, em 13 de julho, havia uma multidão de 4.500 pessoas observando as três crianças, que ouviam alguém invisível. Grande parte da multidão viu um tipo de luminosidade enevoada, como uma nuvem perto da árvore ou se elevando dela. Na quarta aparição, em 13 de agosto, embora dezoito mil pessoas estivessem presentes, as crianças não estavam. Elas tinham sido raptadas e presas por uma autoridade da região que queria pôr um ponto final no que chamava de "bobagem".

Muito embora as crianças não estivessem presentes, o fenômeno da luz voltou a acontecer diante da multidão: houve uma centelha brilhante de luz e o rugido de um trovão no ar. A luminosidade enevoada foi novamente vista perto da árvore e se elevando em direção ao céu. As testemunhas viram luzes coloridas como um arco-íris perto do chão e luminosidades no céu, em torno do Sol.

Em 19 de agosto, houve uma quinta aparição. As crianças, agora libertas outra vez, estavam ao ar livre, pastoreando as suas ovelhas como de costume. A paisagem estava inundada de todas as cores do arco-íris e, embora dessa vez não houvesse nenhuma multidão esperando, o fenômeno foi visível para outras pessoas nas vizinhanças e atraiu testemunhas. As crianças viram uma luz brilhante quando uma luminosidade incandescente se aproximou e parou ao lado de uma árvore perto delas. No centro da luminosidade havia mais uma vez um ser de luz, que mais tarde foi descrito como uma senhora vestida de branco e dourado. Depois de dez minutos se comunicando com as crianças, a dama de luz e a sua luminosidade flutuaram na direção leste.

Em 13 de setembro, havia outra multidão de trinta mil pessoas para testemunhar a aparição de um globo de luz que flutuou para o vale e parou perto da árvore, ao lado das crianças. Do céu límpido surgiram muitos glóbulos cintilantes que, à medida que caiam sobre a multidão, iam ficando menores. Quando as pessoas estendiam as mãos para tocá-los, o fenômeno globular simplesmente desaparecia.

Mais uma vez as crianças viram a dama de luz dentro da luminosidade. Cada vez que a aparição ocorria e falava com as crianças, ela fazia predições de que voltaria e fazia promessas de um milagre em 13 de outubro. E, então, quando a aparição se manifestou pela última vez, havia uma multidão de setenta mil pessoas aguardando-a. Mais uma vez houve um lampejo de luz e a luminosidade desceu até a árvore. As crianças novamente falaram com alguém invisível aos olhos da multidão. Novamente o fenômeno incluiu a aparição de luminosidades e o fenômeno extraordinário de luzes atmosféricas.

O milagre de Fátima, incluindo as suas várias aparições, foi testemunhado por milhares de pessoas e comprovado por centenas de crentes e céticos. De acordo com o testemunho das crianças, a dama de luz, que na verdade só foi vista por elas, foi descrita como uma "mulher pequena". Toda vez que a luminosidade aparecia e a dama de luz chegava, ela pousava nos galhos mais altos da mesma arvorezinha. De acordo com as crianças, os pés da dama de luz descansavam nos galhos superiores. Tanto a dama quanto a luminosidade enevoada foram descritas como pequenas. Pequenas até que ponto?

Levando em conta todas as descrições e a distorção provocada pela distância ou pela visão, parece que a luminosidade era uma esfera de 1,20 a 1,50m de diâmetro. Dentro dela surgia a dama de luz. Nesse contexto, pode-se deduzir que ela provavelmente era muito menor do que um ser humano normal. Se desconsiderarmos as associações católicas com a Virgem Maria, em outras circunstâncias a dama de luz poderia ser facilmente descrita como uma fada ou um fantasma. E se fugirmos de todas as conotações religiosas contextuais, o que nos resta? Algo basicamente com os mesmos atributos do conhecido fenômeno das luzes, que tem sido descrito das formas mais variadas por muitos, ao longo da história, como fadas, luzes fantasmagóricas, raios globulares, espíritos, Óvnis e alienígenas.

É possível que acontecimentos como os de Fátima, embora descritos de modo a se encaixar com as crenças da época, sejam tentativas manifestas de inteligências de outro nível de realidade para se comunicar com as massas? A maioria dessas comunicações paranormais parece partir de seres visivelmente preocupados conosco, como indivíduos espirituais, com o nosso possível futuro como espécie e com o futuro ecológico do nosso planeta. O que nos leva a pensar se eles têm ou não interesse particular em nós. Talvez a frase "não estamos sozinhos" tenha um significado muito mais literal do que pensávamos. Talvez não precisemos esperar pela chegada de visitantes de uma estrela distante para encontrar uma inteligência alienígena. Talvez ela já se encontre aqui!

**Ângulos críticos:**

Pergunta: A existência de fenômenos paranormais sugere que existe um outro nível de realidade sobreposta à nossa?

Resposta: Sim.

CAPÍTULO 19

# A questão da consciência

"Somos todos flores no jardim do Grande Espírito.
Compartilhamos a mesma raiz e a raiz é a Mãe Terra."
ancião David Monongye, índio hopi

Estudamos as nossas luminosidades e formas de luz e tentamos explicá-las, primeiro em termos de causas naturais, como *flare* nas lentes ou poeira, e achamos a maioria, se não todas essas explicações inadequadas para as circunstâncias. Analisamos as nossas luminosidades no contexto de outros fenômenos luminosos, como concentrações plasmáticas, luzes fantasmagóricas e o sobrenatural, e encontramos certas semelhanças, mas nenhuma resposta definitiva. Verificamos as nossas luminosidades e os fenômenos luminosos em geral no contexto mais amplo da sincronicidade e do simbolismo e descobrimos que as luminosidades estão ligadas a esses dois aspectos da consciência. Analisando diferentes relatos de outros fenômenos luminosos relacionados à nossa experiência, deduzimos que a maioria dos diferentes fenômenos luminosos que incluem orbes, luminosidades, formas luminosas e seres de luz – sejam eles fadas, alienígenas ou espíritos –, são todos manifestações geradas no nosso mundo por atividades de uma inteligência não humana. E que essa inteligência existe num nível de realidade que se sobrepõe ao nosso ou talvez coexista com ele.

Isso nos leva a perguntar: Que inteligência é essa? Por que ela está aqui? Qual é o seu propósito ao se manifestar para nós e para muitos outros de maneira tão constante ao longo da história? Antes de tentar responder a essas perguntas sobre uma consciência não humana, devemos primeiro mergulhar mais fundo na questão da própria consciência humana, pois ela é o veículo por meio do qual percebemos tanto o normal quanto o paranormal.

Desconsiderando a questão fundamental com que os filósofos vêm lutando há muitos séculos – o que é a consciência? – devemos aqui, inevitavelmente, nos contentar com o fato de que ela existe e procurar saber se ela pode influenciar nossas percepções tanto normais quanto paranormais.

**ALGUMAS REFLEXÕES SOBRE A CONSCIÊNCIA**
Em seu trabalho sobre a mente consciente e o eu individuado, Jung propôs dois conceitos que mostraram ter influência sobre os fenômenos paranormais: o inconsciente coletivo e a sincronicidade. Já comentamos sobre a sincronicidade no capítulo 13 e vimos que ela é um princípio de ligação fundamental. A sincronicidade atua em todos os níveis da vida e tem particular relevância na nossa experiência e encontros com luminosidades e formas luminosas. A existência da sincronicidade implica que não vivemos num universo de acontecimentos caóticos aleatórios e que a consciência está de algum modo associada à matéria; não separada dela, mas entretecida em sua trama. Em resumo, o acaso não existe e a consciência tem um propósito! Além disso, a existência da sincronicidade implica e qualifica a existência do inconsciente coletivo e vice-versa. O que é o inconsciente coletivo?

Jung criou a expressão "inconsciente coletivo" para definir uma camada de atividade psíquica que fica abaixo do nível da consciência individuada pessoal. No nível do inconsciente coletivo estão armazenadas todas as experiências comuns do passado, toda a sabedoria e todos os medos da raça humana. Às vezes, essas experiências veem à tona na mente consciente na forma de sonhos, símbolos e vislumbres intuitivos. O inconsciente coletivo é de onde vêm os arquétipos, que são as formas subjacentes primordiais preexistentes e recorrentes nos pensamentos e expressões da consciência humana. O círculo e o que ele simboliza podem ser considerados arquétipos. Os conceitos da sincronicidade e do inconsciente coletivo têm uma influência direta sobre o significado e a existência dos sonhos, do hipnotismo, das vidas passadas, da precognição, da telepatia e de outras capacidades psíquicas.

Para visualizar um indivíduo em termos de sincronicidade e de inconsciente coletivo, poderíamos, como exemplo, pensar no homem vitruviano do Leonardo da Vinci como representação de uma pessoa no círculo da sua vida, do nascimento à morte; que para nós é sempre vivenciado como presente.

Se desenharmos quatro círculos mais largos (um par para representar o inconsciente coletivo passado e futuro e o outro par para representar a sincronicidade passada e futura), de modo que tenhamos dois círculos tocando o círculo original horizontalmente e dois verticalmente, o homem no círculo do seu presente passa a ficar como que na pupila de um olho duplo.

Se pudéssemos então transferir essa imagem para um computador, transformando-a num objeto tridimensional, e depois multiplicá-la, digamos, um milhão de vezes, de modo que todas as esferas maiores se sobrepusessem, teríamos uma pequena representação gráfica de como a sincronicidade e o inconsciente coletivo interligam a vida de cada pessoa à de outras vidas, no passado e no futuro. (Fig. K) No mundo da sincronicidade, o indivíduo existe numa rede de esferas interligadas de acontecimentos, que o conectam a todos os indivíduos com quem ele entra em contato. Implícita na realidade da sincronicidade em ação na vida dos indivíduos está a noção de algum tipo de conexão entre as consciências, subjacente ao nível da percepção pessoal cotidiana. Na psicologia, isso é mais conhecido como inconsciente coletivo.

Evidentemente, no mundo diário da existência física, gráficos e teorias sobre a interligação sincronística das consciências não são fatos. Portanto, existirá algum fenômeno físico demonstrável que prove não só a interligação entre as consciências como os resultados físicos concretos dessa interligação? Sim, existe!

Fig. K

## PERCEPÇÃO PRIMÁRIA

Em 2 de fevereiro de 1966, Cleve Backster, um dos principais especialistas em polígrafos e o criador do Backster Zone Comparison Test, o teste padrão usado no mundo todo para detecção de mentiras, decidiu ligar uma planta a um polígrafo. Os resultados foram surpreendentes. Experimentos posteriores mostraram que as plantas, como os seres humanos, respondiam às emoções: ao amor, a ameaças e ao medo.

Backster descobriu que, em algumas horas, as plantas entravam em sintonia com os seres humanos que estavam nas proximidades e captavam o seu estado emocional. Quando as plantas ligadas ao polígrafo reagiam às emoções humanas, essas reações eram registradas pelo aparelho. Backster e a sua equipe descobriram que plantas com nenhum tipo de ligação emocional com seres humanos, quando colocadas num ambiente estranho e ligadas ao polígrafo, começaram a buscar com a sua percepção limitada algum tipo de atividade emocional à qual se ligar. Como as plantas não tinham a maioria dos cinco sentidos, Backster cunhou o termo "Percepção Primária" para descrever o que estava acontecendo. Ou seja, que, num primeiro nível as plantas parecem ter empatia com emoções e intenções humanas e capacidade de registrá-las. Além disso, Backster mais tarde descobriu que essa percepção primária está presente até no nível das bactérias: uma porção de iogurte sente quando outra porção está sendo ingerida. As pesquisas de Cleve Backster mostraram que tanto as plantas quanto as bactérias entravam em estado de choque para se proteger, principalmente quando membros da sua espécie nas proximidades eram ingeridos ou ameaçados de morte. No entanto, quando o perigo passava, as plantas e as bactérias voltavam ao estado normal.

Backster acreditava que essa cessação de energia elétrica num nível celular assemelhava-se ao estado de choque em que as pessoas entram em caso de traumas extremos. À medida que prosseguia com os seus estudos sobre percepção primária, Cleve Backster começou a trabalhar com tecidos de animais e de seres humanos. Ele descobriu que o esperma de doadores humanos, quando colocado num tubo de ensaio e ligado a eletrodos, registrava uma reação às atividades do doador, mesmo que esse doador estivesse a vários cômodos de onde estava o esperma. Tomando amostras celulares de corpos humanos, ele então descobriu que essas células reagiam a respostas emocionais no corpo do doador, até mesmo quando a pessoa em questão estivesse a muitos quilômetros de distância!

Numa diferente área de estudo, outro pesquisador, Rupert Sheldrake, filmou simultaneamente tanto cães em casa quanto seus donos no trabalho. Os seus experimentos mostraram que, mesmo quando os donos voltavam do trabalho para casa em horários diferentes a cada dia, no momento exato em que deixavam o trabalho para voltar para casa, os cães se dirigiam para a porta!

Tanto o trabalho de Cleve Backster quanto o de Rupert Sheldrake mostram, para não dizer comprovam claramente, uma ligação entre consciências do reino vegetal, animal e humano. Era intrigante.

Mas haveria uma possível matriz conectiva planetária dentro da qual uma consciência conectada poderia existir e se expressar? Mais uma vez a resposta era sim!

## A HIPÓTESE GAIA

Talvez muitos leitores conheçam essa teoria.

A "Teoria Gaia" chamou a atenção do público pela primeira vez graças ao livro *Gaia: A New Look at Life on Earth*, do químico britânico James Lovelock. Na antiga mitologia grega, Gaia era a deusa da Terra, a mãe de todos os seres vivos. Em seu primeiro livro, Lovelock apresentou a hipótese de que a Terra tem características de um organismo vivo.

Para apoiar a sua teoria, Lovelock cita muitos exemplos de atividade do processo planetário que garante a estabilidade e as condições necessárias à Vida. Esses processos são chamados processos homeostáticos. Um exemplo disso é o fato de que a concentração de oxigênio na atmosfera é sempre de 21%; a temperatura da superfície do planeta está sempre entre 15º C e 35º C, o ideal para os organismos vivos; além disso, a amônia da atmosfera inferior e a camada de ozônio da atmosfera superior são naturalmente equilibradas em níveis que permitem a sobrevivência da vida.

Os processos homeostáticos ativos em todo o planeta são tantos, tão variados e tão bem sintonizados entre si que, na teoria de Gaia, só o conceito de um organismo planetário pode explicá-los. Nessa visão do mundo todo como um organismo integrado, a humanidade não é o ponto focal, mas apenas uma parte de um sistema maior, assim como as formigas do seu jardim são parte do ambiente do jardim. Se não sofrer interferências, a Terra, como um organismo planetário autossustentável, com sistemas vivos interconectados, regulará e perpetuará as condições favoráveis à vida orgânica. No entanto, na Hipótese Gaia, é possível que as coisas deem errado, que os sistemas entrem em colapso, devido a interferências externas como impacto de asteroides ou atividades humanas prejudiciais de longa duração. Se a Terra é um organismo autossustentável, ela também pode ser autoajustável; e nesse caso tanto a poluição do ar quanto a destruição da floresta tropical equatorial podem muito bem provocar uma reação corretiva dos biossistemas do planeta.

Lovelock foi a primeira pessoa a mostrar que os clorofluocarbonetos (CFCs) estavam se acumulando na atmosfera da Terra. Isso resultou num movimento mundial para tentar banir os poluentes que prejudicariam a camada de ozônio e criariam os perigosos gases estufa.

Durante anos James Lovelock nos avisou dos perigos que todos corremos se não pararmos de poluir o nosso planeta.

No início do século 21, líderes do mundo todo, especialmente do Ocidente, provavelmente gostariam de ter prestado mais atenção a Lovelock alguns anos atrás. Políticos e industriais apenas agora começam a acordar para a real possibilidade de que vivemos num organismo vivo, que presta tanta atenção a presidentes e líderes mundiais quanto nós prestamos às formigas do nosso jardim.

Nos últimos meses, a mudança climática, o escurecimento global, a tragédia do Tsunami na Indonésia, assim como os megafuracões e terremotos chamaram a atenção da mídia global. Atualmente, filmes como O Dia Depois de Amanhã estão reforçando na psique humana a noção de que talvez não sejamos tão invulneráveis quanto pensávamos.

Se a hipótese de Gaia está correta, esses acontecimentos poderiam ser um sintoma dos sistemas corretivos da Terra entrando em ação! Contudo, a teoria gaiana de Lovelock trata de sistemas biológicos planetários, da esfera terrena com uma máquina biológica e de como a superfície do nosso planeta funciona como um gigantesco organismo. Até onde entendemos, Lovelock em nenhum momento se refere a uma consciência planetária em sua hipótese de Gaia. Mas, evidentemente, no que nos diz respeito, todo o conceito da Terra como um organismo vivo parece oferecer o hábitat ideal para uma consciência planetária. Num certo sentido, o próprio corpo humano poderia ser visto facilmente como uma máquina biológica, o que sem dúvida ele é; no entanto, como todos sabemos, ele também é um veículo para a consciência.

## UMA CONSCIÊNCIA PLANETÁRIA?

Tínhamos muito em que pensar até aqui, especialmente se uníssemos a noção da percepção primária e a probabilidade de uma ligação de consciência entre as espécies à ideia da Terra como um organismo vivo. Talvez, quem sabe, um organismo consciente. Isso nos remetia mais uma vez ao conceito de Jung do inconsciente coletivo e às ocorrências sincrônicas que vivenciávamos em nosso fenômeno. Seria possível que algum tipo de consciência planetária mais ampla estivesse por trás de tudo?

Quando as fadas e as formas luminosas apareceram, tínhamos começado a estudar a possibilidade de existir uma consciência não humana, mais ampla, que estivesse ligada ao que estava acontecendo conosco, em particular, e à manifestação dos fenômenos paranormais em geral. Cada nova experiência e encontro que tínhamos com as formas luminosas nos levava a questionar um pouco mais as ideias que costumávamos ter. Parecia que agora tínhamos duas linhas de raciocínio que indicavam vigorosamente uma ligação entre consciências tanto nos fenômenos normais quanto nos paranormais. Eram elas:

1. A realidade da sincronicidade em ação na vida diária dos seres humanos e a probabilidade de um inconsciente coletivo humano.
2. Tanto as nossas experiências quanto a experiência de outras pessoas em geral com relação a fenômenos paranormais sugerem que uma outra consciência não humana interage com a nossa.

Se pensarmos nesses elementos por um momento, como se fossem aqueles blocos de montar com que as crianças costumam brincar, poderíamos encaixar a peça do inconsciente coletivo humano com a da consciência interativa não humana e depois encaixar ambos na peça novinha em folha da Percepção Primária; se, depois, encaixássemos essas três peças no bloco que representa a Terra como um eu interconectado sustentando o organismo planetário, teríamos os alicerces de uma matriz integrada de consciência de dimensões mundiais, que poderia provocar tanto fenômenos normais quanto paranormais.

A ideia não é nova (exceto pelos blocos de montar). Antigos mestres espirituais referiam-se à ligação entre todas as coisas e à Unidade entre mente, corpo e espírito.

Acreditamos que seja plenamente possível que além de ser uma máquina biológica autossustentável, o próprio planeta possa ter uma matriz consciente à qual todos os seres vivos estão ligados. Mas, se tiver, como saberíamos disso?

Quais seriam os efeitos dessa consciência sobre os seres humanos?

Levando em conta tudo o que sabemos sobre a Terra como um organismo vivo, parece que se ela de fato tem uma consciência, provavelmente ela opera em segundo plano, assim como o inconsciente coletivo;

e expressa os mecanismos dessa consciência por meio dos seus sistemas vivos. Um organismo biológico impulsionado por uma consciência se esforçaria para atingir o equilíbrio e a harmonia e seria capaz de se autoajustar, de modo muito parecido com a Terra como Gaia. Na verdade, a teoria gaiana opera de modo muito semelhante a um corpo vivo.

## A ENERGIA CHI E A CONSCIÊNCIA DA TERRA

Existem paralelos entre essa ideia de uma consciência planetária e antigas crenças sobre o corpo da Terra. Do ponto de vista oriental, origem do Tai Chi, do ioga e da acupuntura, o corpo humano tem um sistema interligado de meridianos, ou canais de energia, através dos quais flui a força vital ou Chi.

Na geomancia chinesa, da qual deriva o Feng Shui, a Terra é vista como a contraparte do corpo humano, com uma rede interligada, ou linhas, de força vital que se estende através dela e sobre ela. Muitas pessoas conhecem essas linhas de força como Linhas Ley. Na geomancia chinesa, elas são chamadas de "caminhos do dragão"! Essas linhas ligam a energia Chi que flui através da Terra do mesmo modo que a energia Chi que flui através do corpo humano. O símbolo do Tai Chi, o Yin e Yang, a Luz e a Sombra, é o símbolo das formas opostas em equilíbrio harmônico, formando um círculo, que é ele próprio um símbolo da perfeição e da eternidade; o símbolo da Terra, o símbolo do fluxo e da interligação, a Unidade.

No modelo Terra-corpo, o planeta é visto holisticamente, com cada parte de cada nível refletindo a natureza fundamental do todo. Por exemplo, assim como a Terra é composta de várias camadas físicas, que irradiam campos de energia, os corpos de todas as criaturas da Terra também têm muitas camadas e irradiam campos de energia individuais.

Auras e assinaturas energéticas são detectáveis em todos os seres vivos.

A energia Chi flui através de todos os biossistemas da Terra, sendo que o fluxo dessa energia forma uma rede dinâmica interligada semelhante aos meridianos do corpo humano. Nesse contexto, poderíamos esperar que existam pontos nodais planetários em que essa energia esteja concentrada, assim como acontece com os chakras humanos.

Num nível puramente físico, espera-se que os subprodutos energéticos de um organismo consciente sejam detectáveis, assim como podemos dizer que a mente humana existe e funciona, monitorando as atividades eletroquímicas e eletromagnéticas do cérebro. E, de fato, existem pontos definidos ao redor da Terra onde a energia geomagnética é excepcionalmente intensa e onde estranhos fenômenos ocorrem repetidamente e afetam a consciência humana.

Na antiga geomancia chinesa, esse sistema de energia, os meridianos da Terra, são muito conhecidos e respeitados. Nessa visão de mundo, caminhos do dragão e Linhas Ley são parte da rede planetária do Chi. Nesse contexto, o fenômeno geomagnético é uma indicação do funcionamento positivo ou negativo da rede energética da Terra. Assim como acontece no corpo, a energia Chi é vital para a vida e a harmonia, em todos os níveis de existência, ao redor de todo o planeta.

## MANDALAS PLANETÁRIAS

Desde que fotografamos os nossos primeiros orbes, não paramos de descobrir ligações circulares. Quando estudamos a consciência humana, descobrimos as mandalas como símbolos e expressões da necessidade humana pela integração do eu, pela Unidade. Então, investigando a Terra em termos de organismo planetário, pudemos ver que o mesmo simbolismo repetido nos sinais circulares dos círculos nas plantações pode muito bem ter um significado. Se Gaia, como um sistema vivo, tem consciência, os círculos nas plantações poderiam ser os equivalentes das mandalas, desenhadas pela própria Terra. Talvez eles sejam mais expressões de uma mente planetária do que mensagens estranhas de alienígenas. Esses símbolos aparecem não só em plantações, mas também no topo das árvores de florestas tropicais, em desertos e em campos de gelo, espalhados pelo mundo inteiro. Talvez entendêssemos melhor essas misteriosas e espontâneas formas visuais se pensássemos nelas em termos de mandalas, como uma expressão exterior de uma consciência viva.

## PULSAÇÃO MAGNÉTICA

Foi só no último século que os cientistas começaram a perceber que os seres humanos estão fundamentalmente conectados ao planeta em que vivemos.

A Terra tem a sua própria pulsação magnética diferenciada e agora já se sabe que qualquer pessoa privada dessa pulsação por interferência eletromagnética pode ficar muito doente. Por causa disso, a NASA usa geradores de pulsação magnética para reproduzir a pulsação da Terra em toda espaçonave que tenha astronautas a bordo. Tanto do ponto de vista energético quanto biológico, estamos conectados à Mãe Terra.

**ENERGIAS CONECTIVAS**

E conscientemente? Já é um fato bem conhecido que os fenômenos paranormais ocorrem com mais frequência e intensidade nas proximidades das Linhas Ley e nos lugares em que, de acordo com antigas crenças chinesas, passam linhas de energia Chi. Seria possível que, nesses lugares onde a energia Chi da Terra está mais concentrada, a nossa consciência individual seja mais afetada pela consciência planetária, resultando em experiências estranhas ou visionárias?

É possível que o Fenômeno das Luzinhas Transientes, visto por milhares de pessoas ao redor da Terra, seja uma manifestação visível de uma consciência onipresente?

Será que a própria energia Chi é um subproduto dessa consciência ou talvez até o espírito energizante que a anima? De qualquer maneira, a energia Chi tem sido efetivamente canalizada por seres humanos e mostrado que está diretamente ligada à própria consciência. Se a Terra é um superorganismo, pelo qual flui a energia Chi, então parece provável que exista uma consciência planetária e que sejamos afetados por ela.

De acordo não só com teorias controvertidas, mas também com pesquisas científicas tradicionais, existem muitas forças invisíveis que afetam diretamente as nossas percepções da realidade. O cérebro humano, por exemplo, é extremamente sensível ao eletromagnetismo, principalmente partes do lobo temporal, onde ficam o hipocampo e os ventrículos laterais, que são as regiões do cérebro relacionadas ao sonho, à memória e à linguagem. Pesquisadores sugerem que o hipocampo serve como um transformador de energia eletromagnética. A estimulação dessas áreas pode produzir sensações de que se está fora do corpo, sensação de flutuamento, alucinações e até visões místicas. Campos magnéticos concentrados podem afetar diretamente a nossa consciência e percepções da realidade.

Na verdade, sempre que passamos pelos cenários da Terra, atravessamos áreas invisíveis de radiação natural, anomalias gravitacionais e campos magnéticos, que exercem um efeito sobre nós, geralmente mínimo, mas várias vezes muito significativo.

E estamos nos referindo apenas ao nível biogeofísico. O que dizer, então, do nível psíquico e espiritual?

Se fizermos um paralelo entre a antiga visão da Terra expressa pela geomancia chinesa, em que a energia Chi permeia e conecta todo o mundo natural, e a noção de que o corpo humano é recoberto por uma rede de meridianos interligados dessa mesma energia Chi espiritual, nesse contexto temos uma ligação energética e espiritual com o planeta em que vivemos.

Uma descoberta relativamente recente, que parece validar a antiga ideia de uma energia conectiva fluindo por todos os seres vivos, é a da fotografia Kirlian. Por meio dessa técnica são produzidas imagens que mostram emanações energéticas coloridas de organismos vivos. Inventado em 1939, pelo eletricista e fotógrafo amador Semyon Davidovich Kirlian e sua mulher Valentina, o processo que leva o seu nome demonstrou que os campos bioenergéticos humanos existem e mostram uma ligação entre as descargas energéticas fotografadas e os meridianos e pontos de energia Chi do corpo humano.

Apesar do ceticismo ortodoxo, a fotografia Kirlian também provou ser uma técnica para diagnóstico de todos os tipos de doença. Os efeitos eletrobioluminescentes mostrados por esse processo foram considerados por alguns pesquisadores como uma prova da existência de um corpo bioplasmático, descrito por ensinamentos antigos há milhares de anos como campos invisíveis de energia astral, mental e etérica, exibidos nas auras de todos os seres vivos e diretamente energizados pelo Chi ou prana que conecta a Terra e todas as criaturas.

Se o espírito animador da Terra é consciente e interativo, ele poderia se manifestar por meio de fenômenos paranormais em geral e, mais particularmente no nosso caso, por meio de luminosidades e formas luminosas?

**Ângulos críticos:**

Pergunta: Se tanto a Hipótese Gaia quanto a teoria da Percepção Primária estiverem corretas, isso indica a possibilidade de uma Consciência Planetária?

Resposta: Sim.

Pergunta: Se uma Consciência Planetária existe e se tanto a sincronicidade quanto o inconsciente coletivo existem, isso indica uma ligação no nível da consciência entre todos os níveis de vida da Terra?

Resposta: Sim.

CAPÍTULO 20

# O círculo da vida

"Seja ele um superorganismo, uma comunidade orgânica ou simplesmente um singelo orbe, o planeta é engenhoso em converter refugo em revigoração."
Lawrence E. Jospeh. *GAIA The Growth of an Idea*

"É uma das ilusões do homem pensar que os oceanos e as massas de terra do planeta são eternos e que ele próprio é o produto final de bilhões de anos de evolução."
Jacques Cousteau

O círculo é um símbolo arquetípico, e a própria Terra é um orbe, uma esfera feita de luz, matéria e energia – a esfera de toda a existência humana. Dentro dessa esfera, surgiu ao longo da história uma infinidade de relatos sobre misteriosas luminosidades e formas luminosas, esferas cintilantes, anjos, alienígenas, seres de luz e todos os tipos de luzes anômalas que interagiram deliberadamente com pessoas – às vezes a ponto de afetar as nossas crenças e noções espirituais. As luminosidades, sejam esferas ou formas luminosas, fazem parte da consciência humana: elas aparecem com regularidade em sonhos, visões, estados alterados e experiências paranormais.

Se considerarmos a nossa experiência pessoal com luminosidades e formas de luz num contexto global mais amplo, parece haver três fatores principais de ligação: a luz, o simbolismo e a consciência.

Quando dizemos "luz", estamos nos referindo tanto à frequência energética eletromagnética quanto a todos os fenômenos visuais paranormais semelhantes às luminosidades e formas luminosas.

Por "simbolismo", queremos dizer os significados comuns e arquetípicos diretamente relativos aos fenômenos visuais. Quando nos referimos à "consciência", estamos nos remetendo a todos aqueles casos de aparente propósito, conectividade e sincronicidade diretamente relacionados às nossas luminosidades em particular e ao fenômeno luminoso paranormal como um todo.

A luz, do modo como a vemos, é fundamental para a existência humana, tanto no nível biológico quanto espiritual. O que descobrimos a respeito dos biofótons ilustra esse fato, pois nos mostra que o nosso corpo – na verdade todas as formas vivas orgânicas – são transmissores e receptores que coletam e irradiam luz constantemente. Se considerarmos todo o mundo orgânico nesse contexto, então, como seres humanos, estamos ligados a uma teia luminosa dinâmica, que emite luz e a absorve constantemente do Sol. Trata-se de um processo cíclico.

Se juntarmos a noção de todos os organismos como transmissores de luz com o conceito da Terra como um bio-organismo planetário senciente, então o que teremos é basicamente uma esfera de luz contendo consciência! Poderiam as luminosidades, relatadas por tantas pessoas ao longo da história serem esferas menores de consciência?

Gustav Theodor Fechner, médico e professor de física do século XIX, um dos primeiros acadêmicos profissionais a estudar a possibilidade de que as plantas tivessem consciência (mais tarde comprovada pelo trabalho de Cleve Backster) também propôs a teoria de que a vida humana é composta de três etapas: a primeira, um sono contínuo da concepção até o nascimento; a segunda, um estado meio desperto que chamamos de existência terrestre; e a terceira, um estado completamente desperto que só começa depois da morte. Gustav Fechner, embora tenha sido ridicularizado por muitos dos seus contemporâneos, foi um pensador progressista, e algumas das suas suposições são de especial interesse para nós.

Em seu livro *Comparative Anatomy of Angels*, Fechner investigou o curso da evolução da consciência, desde simples organismos, passando pelos animais e seres humanos até chegar aos seres angélicos, que ele considerava seres de forma esférica que se comunicavam não por meio de sons, mas por meio da própria luz, de símbolos luminosos! Ora, o que poderia tê-lo induzido a pensar dessa maneira?

Quando lemos a respeito dessa teoria, estávamos quase terminando o nosso livro, mas ela nos pareceu tão pertinente à nossa própria experiência que tivemos pelo menos que mencioná-la aqui. Existe uma universalidade nos fenômenos luminosos que não é mera coincidência.

Do ponto de vista simbólico, a combinação tríplice de luz, esfera e consciência está em sintonia com o conceito universal de Unidade, simbolizado pelo círculo, a esfera e o orbe!

O conceito de Unidade é talvez expresso de modo quase perfeito no símbolo do Tai Chi, em que princípios cósmicos opostos compõem um ciclo vital dinâmico, interativo e equilibrado. Isso poderia facilmente simbolizar tanto a Terra, como vista na hipótese Gaia, quanto a Terra vista como consciência planetária.

Seja o que for que possamos pensar sobre a Terra – não apenas um superorganismo vivo e dinâmico, mas uma entidade consciente –, não há dúvida de que os símbolos circulares da Unidade estiveram conosco desde a aurora dos tempos, e esse mesmo simbolismo está presente nas luminosidades e nos orbes fotografados por nós e por muitos outros.

A jornada que, para nós, começou com os orbes nos levou a uma visão mais ampla da própria Terra como um grande orbe de consciência planetária.

Fazendo uma retrospectiva, a impressão que temos é que, no final das contas, houve algum tipo de progressão em todos os nossos intrigantes pixels. Basicamente, essa progressão poderia ser esquematizada da seguinte forma:

Luzinhas Transientes = Orbes = Luminosidades = Formas Luminosas = Propósito.
Propósito = Consciência = Percepção Primária = Conectividade = Gaia.
Gaia = Organismo vivo = Consciência!

Desse ponto de vista, parece que alguém estava nos dando grandes pistas por meio de imagens de luz, orbes e luminosidades – que propositalmente simbolizam a Unidade! Juntos, os conceitos de Gaia, percepção primária, sincronicidade e inconsciente coletivo nos dão a base da conectividade da consciência em todos os níveis da nossa existência neste planeta! Os conceitos de conectividade e Unidade podem ser simbolizados de maneira quase perfeita pelo círculo, a esfera, o orbe. Desde o início, as luminosidades sempre nos deram muito mais no que pensar do que apenas fotografias – e elas não tinham acabado ainda!

## LUZ, ENERGIA E ÁGUA

Em 25 de julho, nós nos unimos a pessoas do mundo todo no Dia Mundial do Amor e da Gratidão pela Água, inspirado no trabalho do dr. Masaru Emoto\*, que, no espírito de Gaia, da consciência planetária e da Conectividade Primal, já mencionadas nos capítulos anteriores, iniciou um método de conexão com a Terra para a despoluição da água por meio de pensamentos e emoções positivas de pessoas comuns. E surpreendentemente, contra todas as visões científicas aceitas, esse método funcionou.

O dr. Emoto começou seu trabalho no Japão e desde então ele se expandiu por muitas partes do mundo, onde suas cerimônias anuais para purificação da água e agradecimento a ela têm reunido o pensamento concentrado de milhares de pessoas nesse elemento tão vital para a nossa vida, que cobre quase três quartos da superfície da Terra. Basicamente, o método do dr. Emoto é muito simples. Ele reúne pessoas para que elas pensem positivamente a respeito da água, seja um copo de água, uma lagoa, um lago ou um rio. Amostras de cristais de água são coletadas antes e depois de cada cerimônia. As amostras coletadas depois sempre mostram um aprimoramento na estrutura cristalina da água.

De modo impressionante, a água poluída se mostra muito mais limpa depois de ser alvo de pensamentos positivos! Esse fato mostra claramente que o pensamento afeta a matéria.

Ele também indica que a consciência humana pode estar conectada a uma consciência planetária do tipo gaiano. Tendo em vista, porém, tudo o que já vimos sobre as luminosidades, isso não nos surpreende nem um pouco! Pois, se Gaia é real, se a Percepção Primária é real, se o inconsciente coletivo e a sincronicidade são reais, e se somos todos parte de uma rede viva e interconectada de consciência, por que o método do dr. Emoto não funcionaria?

No dia da cerimônia da água, em torno das quatro e meia da tarde, decidimos ir até o nosso riacho e realizar ali a cerimônia simples de pensamentos positivos do dr. Masaru Emoto.

A cerimônia consistia em colocar as mãos ou os dedos dentro da água e ao mesmo tempo pensar ou dizer em voz alta por alguns minutos

---

\* Mais informações sobre o trabalho do Dr. Masaru Emoto estão disponíveis em seus livros *Hado – Mensagens Ocultas na Água, O Verdadeiro Poder da Água, A Vida Secreta da Água* e outros, publicados pela Editora Cultrix.

 o mantra de amor, gratidão e respeito pela água criado pelo dr. Emoto. Katie estava totalmente concentrada na cerimônia e não pensou em levar a sua câmera, mas eu levara a minha com a intenção de documentar todo o processo. Uma das fotos tiradas naquela tarde mostra que havia uma luminosidade presente. (Foto 61) Será que ela se identificou com o que estávamos fazendo?

Juntos colocamos os dedos dentro d'água e nos concentramos no mantra, pensando no ciclo da água, na maneira como ela chegava até a nossa casa, partindo do mar e das nuvens, caindo em forma de chuva sobre as montanhas e descendo em corredeiras até o nosso riacho, onde agora passava pelos nossos dedos e voltava para o mar. Pensávamos em todas as vidas que a água toca em seu caminho para o mar: peixes, pássaros, insetos, e em todas as plantas e árvores que retiram seus nutrientes da água. Junto com todas as criaturas e animais que compõem o nosso belo planeta, nós temos que agradecer à água pela nossa existência. Mas como representantes da raça humana, em nosso pedacinho de terra também temos que nos desculpar pela ignorância e ganância do ser humano, que tantos prejuízos causa aos mares e rios. Concentrando os nossos pensamentos dessa maneira, nós nos sentimos muito positivos e conectados à água.

Depois da cerimônia, caminhei um pouco ao longo do riacho, enquanto Katie permanecia às suas margens. Ela queria sentir a conexao com a água um pouco mais. Quando me voltei, ela obviamente ainda estava concentrada em sua meditação. Foi nesse momento que tirei uma foto dela, apenas para registrar o que tínhamos feito nesse dia. Enquanto se concentrava em seus pensamentos pela água, Katie percebeu sensações muito claras que depois ela descreveu da seguinte maneira:

"De repente, a minha mão esquerda começou a formigar, fazendo com que eu voltasse novamente ao momento presente. Lembro-me de ter pensado que a minha mão estava fria dentro da água fresca, mas a minha mão direita estava aquecida, então abri os olhos e percebi que só os meus dedos indicadores estavam dentro d'água".

A fotografia que tirei de Katie, enquanto ela estava meditando com as pontas dos dedos indicadores dentro d'água, mostra que havia outra presença ali. (Foto 62)

A foto mostra claramente uma forma de luz incomum. Uma forma que inegavelmente demonstrava empatia pelo que estávamos fazendo, pois imitava exatamente o que Katie fazia! Chamamos essa pequenina e singular forma luminosa de "fada da água", pois ela parece um pouco como um pequeno elemental de luz. Se se tratava de uma fada, de prana, de uma expressão da consciência planetária ou de outra coisa completamente diferente, isso é algo aberto à discussão. Mas o fato é que ela estava lá e conectada à água!

Seria essa "fada da água" outro exemplo de uma consciência viva em ação no nosso fenômeno? Achamos que era justamente esse o caso pelas seguintes razões:

1. Ela foi precedida pela costumeira luminosidade órbica.
2. A "fada" apareceu na água no mesmo dia da cerimônia da água.
3. Ela imitava exatamente o que Katie fazia, colocando uma parte de si mesma na água, quase como se dissesse "Sim, nós estamos conectadas!"

Muitas vezes nos perguntamos por que tivemos o privilégio de fotografar tantas luminosidades e formas luminosas. Talvez fosse simplesmente porque as achávamos extremamente encantadoras. Tudo o que temos esperança de fazer com o material que reunimos é tentar comunicar a outras pessoas, por meio dessas imagens, que nós, seres humanos, compartilhamos o nosso mundo com outra consciência.

Uma inteligência que, aparentemente, quer chamar nossa atenção para o fato da sua existência. Mas se, como já questionamos, as nossas luminosidades e a nossa linda "fadinha da água" são aspectos de uma consciência planetária, temos muito mais a considerar do que apenas o fator "bem-estar"! Se for gerado por uma consciência planetária, esse fenômeno pode ter um lado muito mais sério.

Como um organismo vivo, a Terra, assim como o cérebro humano, pode estar, de acordo com o conceito Gaia, em contato com todas as suas funções vitais. E fica muito evidente que nós, seres humanos, como as lesmas devorando avidamente as folhas de um repolho, estamos consumindo de modo demasiado rápido os recursos da Terra. Será que isso já aconteceu antes?

Com base em registros fósseis, a paleontologia revela a terrível realidade de que já ocorreram muitas catástrofes causadoras de extinções. E aqui nos deparamos com outro símbolo circular: o símbolo do karma. Colhemos o que plantamos. Como seres humanos, não deixamos que as formigas cometam excessos na nossa despensa, mas, se a Terra é um superorganismo senciente, nós, formigas, podemos muito bem estar correndo o risco de cometer excessos muito além dos limites de tolerância do nosso planeta.

Em vez de ouvir as promessas dos políticos que geralmente só se interessam em se eleger ou se manter no cargo, talvez precisássemos ouvir aqueles que estão falando em prol do planeta. Talvez, como o dr. Emoto, e outros, precisemos irradiar pensamentos positivos para a Terra.

Seja qual for a consciência que esteja por trás das luminosidades e formas luminosas, ela enfocou os nossos pensamentos na conectividade da raça humana com a Terra e com a sua infinidade de formas vivas.

Todo o espectro de fenômenos paranormais se torna fútil e sem sentido caso nada tenha a nos dizer sobre as questões básicas da vida e da consciência.

Fotografias de fatos paranormais, como as nossas; círculos nas plantações e percepções extrassensoriais de todos os tipos não significam nada por si mesmos. Eles apenas apontam um caminho. São certamente uma expressão de algo maior – mas não são, eles próprios, esse algo maior! Inerente a todos os fenômenos paranormais, na verdade aos fenômenos de todos os tipos, se os olharmos com cuidado, existe a pergunta: "O que é essa coisa da qual fazemos parte e o que somos?" Essas são questões realmente importantes para a humanidade!

Na nossa jornada ao longo das páginas anteriores, tentamos ir além das imagens e símbolos e espreitar o que há por trás deles. Talvez agora seja hora de dispensar todas as perguntas que nos trouxeram até este ponto e compartilhar com você o que nós mesmos vislumbramos no reino encantado por trás do manto da noite.

CAPÍTULO 21

# *Ao infinito e além*

"A alegria não está nas coisas; está dentro de nós."
Richard Wagner

"É bom vislumbrar um final para a nossa jornada, mas é a jornada o que importa no final."
Ursula K. Le Guin

Aqui estamos nós no final da nossa jornada – ou quase lá. Como Bilbo o Bolseiro, viajamos para "lá e de volta outra vez". E como você provavelmente se lembra, Bilbo tinha uma porta circular! Mas não se preocupe, pois não vamos investigar o simbolismo circular da Terra Média. A nossa jornada através do simbolismo deste mundo é suficiente para nós. Investigamos os nossos orbes e luminosidades em busca de respostas e, ao longo do caminho, encontramos bolas de fogo e energias plasmáticas, fantasmas e alienígenas, sinais e símbolos estelares, para não mencionar a sincronicidade e o inconsciente coletivo. Vimos estranhas formas luminosas e fotografamos fadas e seres de luz. A busca pelo significado por trás do nosso fenômeno nos levou à energia Chi, aos golfinhos, aos biofótons e à Percepção Primária. Dos círculos nas plantações e das Mandalas, voltamo-nos para a Terra para ver o mundo como Gaia, um organismo planetário vivo, e dali vimos a possibilidade de uma consciência planetária conectando toda a vida sobre a Terra. Por meio de esferas celestiais, orbes e símbolos circulares, discernimos a Unidade de todas as coisas. Descobrimos que a vida pode não ser exatamente o que parece; existe muito mais a descobrir.

No filme *Toy Story*, Buzz Lightyear descobriu que ele não era o que pensava, mas sim, parte de um mundo diferente e muito mais amplo. Embora tenha sido feito para entreter crianças, *Toy Story*, como muitos outros bons filmes, reflete a antiga busca do homem por significado. É divertido e irônico para nós que o grito "Ao infinito e além!" parta agora da boca de crianças de 3 ou 4 anos, pois, em termos do espírito humano individual, essa expressão parece resumir o que todos nós buscamos. Sejamos professores ou alunos, cientistas ou investigadores do paranormal, somos todos aventureiros num universo estranho e maravilhoso.

Ao longo da história, as luminosidades e as esferas que enfocamos neste livro foram registradas em xilogravuras, tapeçarias, pinturas e desenhos. No século XIX, elas foram capturadas pela primeira vez nas primeiras fotografias e filmes e depois, no século XX, pelas *camcorders*. Mais recentemente, no século XXI, orbes e luminosidades foram fotografados no mundo todo pelas câmeras digitais.

Mas não é só na Terra que essas estranhas luminosidades foram registradas.

## LUMINOSIDADES ALÉM DA TERRA

As luminosidades também foram filmadas do espaço pelos astronautas da NASA. Várias missões espaciais rastrearam e filmaram esferas e luminosidades inexplicáveis. Por exemplo, durante a missão STS 80, de 1º de dezembro de 1996, os astronautas filmaram uma grande esfera subindo da atmosfera da terra e desaparecendo no espaço. Mas as cenas mais intrigantes que conhecemos até hoje foram filmadas pela Missão Espacial STS 75. Nessa época, a NASA tinha perdido um satélite cativo de 100 milhões de dólares. Três dias depois, eles descobriram que o cabo ainda estava preso ao satélite e o filme da recuperação mostrou algo absolutamente impressionante. Em volta do cabo e da nave havia milhares de esferas, uma infinidade delas. As esferas eram de todos os tamanhos, moviam-se em todas as direções e mudavam de direção de modo veloz, independentemente umas das outras.

Para explicar esse fenômeno, a NASA sugeriu que se tratava de detritos espaciais ou cristais de gelo; mas como tudo isso estava acontecendo na órbita inferior da Terra, dentro do campo gravitacional do nosso planeta, era absolutamente óbvio que não era fisicamente possível que detritos ou cristais de gelo se movessem de maneira independente uns dos outros em diferentes velocidades e em todas as direções como as esferas faziam. A câmera mostra esferas em todos os lugares. Não há dúvida de que algumas pessoas verão essas esferas como naves espaciais extraterrestres, mas se olharmos cuidadosamente o filme, podemos ver que elas não se parecem com aeronaves. Elas se comportam mais como um enxame de criaturas vivas no ar ou na água, como insetos, águas-vivas, micróbios ou bactérias de vários tamanhos, zunindo de um lado para o outro. Embora a maioria seja esférica, algumas parecem rosquinhas e outras deixam rastros ou parecem elipses alongadas. Todas elas em constante movimento.

Quando vimos pela primeira vez esse filme da NASA num vídeo sobre Óvnis, imediatamente percebemos semelhanças na forma e no comportamento dessas esferas espaciais com os orbes e as luminosidades que nós e muitas outras pessoas fotografamos aqui na Terra. Embora pareçam muito maiores do que as suas duplicatas terrestres, pela forma e maneira como se movem rapidamente e mudam de direção, essas esferas espaciais também parecem se comportar como globos de plasma impulsionados eletricamente, ou como formas de vida orgânica. Elas de maneira nenhuma se parecem com discos voadores ou naves alienígenas; comportam-se muito mais como entidades vivas!

Levamos em conta todos os relatos sobre orbes, luminosidades, relâmpagos globulares e esferas que já foram vistos e fotografados ao longo dos anos, por pessoas do mundo inteiro.

Todas as ligações que fizemos indicam que todo o fenômeno das luminosidades e formas luminosas nos leva de volta a uma única fonte: a existência de uma consciência não material e não humana que, embora capaz de se manifestar de modo visível no nosso mundo, é essencialmente uma forma de vida energética. E julgando pelas cenas da nave STS 75, parece que a inteligência não material por trás das luminosidades vistas na Terra está presente também na atmosfera superior e provavelmente é capaz de viajar pelo espaço. Na verdade, o filme da espaçonave mostra que isso é exatamente o que acontece na órbita inferior da Terra, onde as esferas são vistas movendo-se no espaço.

A que distância elas podem viajar da Terra, nós não sabemos, mas suspeitamos que não seja pequena.

Usamos o termo "elas" deliberadamente, e sempre que usamos os termos "inteligência" ou "consciência" com referência às luminosidades/formas luminosas, estávamos nos referindo a um coletivo, embora não pudéssemos afirmar isso no momento. Então, quem são essas luminosidades que viajam pelo espaço? De onde elas vêm e o que estão fazendo aqui?

Tudo o que podemos dizer é o que as nossas experiências e pesquisas revelaram e o que a nossa intuição ou os nossos instintos nos dizem. Sinta-se à vontade para discordar de nós. O que se segue é um resumo do que sabemos, ou acreditamos saber até agora, com relação ao fenômeno das luminosidades e formas luminosas em geral.

### UM: O QUE ELAS NÃO SÃO

Elas não são alienígenas, espíritos dos mortos, fadas nem espíritos das árvores, embora às vezes tenhamos presumido que fossem todas essas formas, não para deliberadamente nos enganar, mas para se comunicar conosco. Assim como os golfinhos, elas podem imitar nosso comportamento; essas entidades têm empatia por nós como indivíduos e, até certo ponto, podem refletir as nossas crenças individuais.

### DOIS: DE ONDE ELAS VÊM?

Elas vêm da Terra, ou, mais especificamente, de outro aspecto da realidade centrado aqui. Esse nível de "outra" realidade onde as luminosidades/formas luminosas residem ocupa o mesmo espaço que nós, mas, ao contrário das formas de vida orgânicas, elas não existem apenas no universo do espaço, tempo e acontecimentos. Diferentemente de nós, que somos na verdade seres estáticos, presos a um quadro de referências, as formas luminosas podem existir em várias realidades ao mesmo tempo. Não temos pontos de referência para descrever o continuum da realidade das formas luminosas. Tudo que podemos fazer é estudar essas áreas em que a nossa realidade se entrelaça com a delas. Esses são lugares entre este mundo e o outro onde, por meio da mente, da forma ou do espírito, podemos às vezes entrar em contato com uma consciência mais ampla. É a sobreposição dessa realidade sobre a nossa e as ocasiões em que ocorre uma ligação direta com o nosso nível de consciência que geram o que vemos como fenômenos paranormais.

## TRÊS: O QUE ELAS SÃO?

Tudo o que podemos fazer aqui é especular, pois é impossível para os seres humanos entender quem ou o que essas inteligências são, como seria para um golfinho dizer se um ser humano é grego ou inglês, ou se uma vaca é diferente de um cavalo. Ou de maneira mais relevante em termos de escala de consciência, como seria para uma formiga diferenciar um gato de uma girafa ou de um ser humano! Se elas são parte de uma consciência planetária, ou estão separadas dela, não temos como saber. Tudo o que sabemos é que, no que se refere à nossa própria consciência e ambiente planetário, as formas luminosas são simbióticas e empáticas. Parece que, na forma e na aparência, elas são extremamente maleáveis, embora suspeitemos que a sua forma natural eletrofísica seja o orbe ou a esfera. Mas também parece que as formas luminosas são capazes de assumir qualquer tamanho, desde minúsculos pontinhos de luz até esferas cintilantes de quase um metro de diâmetro.

Como o ambiente nuclear das formas luminosas não é limitado pelo espaço ou pelo tempo, parece provável que elas sejam tão numerosas quanto as estrelas no céu. Acreditamos que a consciência que gera luminosidades e formas luminosas existe tanto na Terra quanto além dela, e é endêmica em todo o universo. Nesse contexto, embora tenhamos nos referido a essas luminosidades pelo pronome "elas", como se fossem seres individuais, temos que aceitar que a nossa concepção de individualização pode não ser, nem de longe, relevante para as formas luminosas, a não ser pela sua interação no nível humano. Elas parecem individualizadas para nós apenas porque nós somos individualizados!

As formas luminosas são muito difíceis de definir porque são maleáveis demais para as nossas percepções. Mas o que nos parece extremamente relevante é a sua conectividade, no nível da consciência, com seres humanos como indivíduos. Há uma grande possibilidade de que elas sejam, no final das contas, tão individuais quanto nós, mas ao mesmo tempo totalmente conectadas a algo mais. Vale a pena refletir por um momento no fato de que, embora sejamos seres individuais, o nosso corpo é também transmissor e receptor de luz. Num certo sentido, somos como aparelhos de rádio. Num certo sentido também, estamos conectados a um ambiente universal, só não temos consciência disso!

Pode ser que as formas luminosas, embora individualizadas, também sejam o meio pelo qual a consciência universal é irradiada. Nesse sentido, as formas luminosas poderiam ser vistas por alguns como mensageiros angélicos de luz. Será que o que as pessoas estão vendo quando captam sinais do fenômeno das luzinhas transientes sejam os sinais visuais da consciência em ação? Se a Terra tem uma consciência e as luminosidades são parte dela, ou estão conectadas a ela, então às vezes alguns seres humanos podem testemunhar o equivalente, em termos planetários, à atividade eletroquímica da mente.

### QUATRO: QUAL É O PROPÓSITO DELAS AQUI?
Na nossa experiência pessoal, as formas luminosas parecem ser enigmáticas e, no entanto, espirituosas; amigáveis, mas, ainda assim, assombrosas; um pouco como um cruzamento de um golfinho com um anjo! No que diz respeito aos seres humanos, o propósito das formas luminosas é sempre visto através das nossas percepções individuais. Mas, seja qual for a interpretação individual, a mensagem é sempre claramente uma afirmação da existência de uma consciência não humana.

Se todas as pessoas soubessem da existência de uma forma de vida não humana superior na Terra, tão real quanto nós, isso certamente mudaria o nosso modo de ver a realidade.

### CINCO: O QUE ISSO SIGNIFICA PARA A HUMANIDADE?
Assim como a borboleta emerge da crisálida para se tornar um tipo diferente de ser a partir da lagarta, pode ser que nós também nos transformemos, e que, da forma física, Seres de Luz ascendam para outro nível de existência.

Nós acreditamos que as formas luminosas participem da transformação da consciência humana. Por trás de todo fenômeno, existe um processo universal em ação; em todos os níveis da existência há mudança e transformação. Do ponto de vista espiritual, o fluxo e refluxo dinâmico da existência, como refletido no símbolo do Tai Chi, é um equilíbrio dos opostos dentro da Unidade. Tudo o que descobrimos com as luminosidades e as formas luminosas parece apontar para a conectividade da vida e da consciência em todos os níveis.

Certamente isso parece com que o que todas as religiões e a psicologia se esforçam para conseguir: a unificação espiritual da vida e da consciência. Mas não acreditamos que isso seja como uma gota de água no oceano – isso seria absorção, não conectividade.

A verdadeira conectividade é a de uma comunidade holística de indivíduos, equilibrados, harmoniosos, mas individualmente conscientes. O símbolo do Tai Chi mostra a natureza da verdadeira conectividade. A conexão total e a individualização total! Os dois num só; Yin e Yang! Lendo as entrelinhas das crenças e ensinamentos mundiais inspirados pelas luminosidades e formas luminosas sempre presentes, parece que a maioria das grandes religiões, embora possam ter perdido o significado original em seus detalhes, trata essencialmente de um processo de transformação individual, que conduz a um mundo integrado na unidade do Espírito!

Dois mil anos atrás, Jesus definiu isso de maneira simples para seus seguidores: "Ama o teu próximo como a ti mesmo". Em termos humanos, esse é o significado da conectividade: o amor como a dinâmica de ligação nos relacionamentos, e não o amor como sentimentalismo água com açúcar. Para amar o seu próximo como a si mesmo, você precisa primeiro amar a si mesmo. Não se pode amar o que não se conhece. Qualquer autoconhecimento requer uma percepção verdadeira de si mesmo. Tudo o que possuímos é o que somos, mas, se só pensarmos em nós mesmos, degradamo-nos espiritualmente e não haverá nenhum espírito para ascender para a luz.

Essa é a jornada espiritual que empreendemos, e nós a ignoramos por nossa própria conta e risco.

O amor é outro aspecto da Unidade. Como qualquer pessoa que ama ou segue um credo pode atestar, o amor é transformador. Essa é obviamente a razão por que ele foi a parte central da maioria dos ensinamentos espirituais ao longo da história.

De acordo com alguns, a única criatura, além do ser humano, que parece ter qualidades espirituais é o golfinho. Se pudéssemos perguntar aos golfinhos o que eles pensam das atividades humanas nos oceanos e o que o contato humano com a sua espécie pode significar, e qual pode ser o propósito por trás dele, seria interessante saber o que eles responderiam. Será que a intrusão da nossa tecnologia em seu meio ambiente é tão inexplicável para eles quanto o fenômeno paranormal o é para nós? Mas seja o que for que isso signifique para eles, os golfinhos sabem que nós existimos e que a nossa existência influencia a vida deles, e vice-versa. Nós agora também vivemos dentro do contexto de um oceano: convivendo com uma forma de vida que é pelo menos tão inteligente quanto nós. O contato humano com os golfinhos pode nos ajudar a olhar de outro modo o contato humano com inteligências superiores não humanas, que podem "mergulhar" no nosso ambiente de maneira muito semelhante ao modo como exploramos os oceanos. Para nos ajudar a entender do que somos parte, tanto os golfinhos quanto as formas luminosas nos oferecem a oportunidade de olhar o cosmos de outro ponto de vista.

## NO LIMIAR DE IMENSIDÕES

Não achamos que seja coincidência o fato de, na primeira metade deste novo milênio, a incidência da precognição e das capacidades empáticas ser cada vez maior, nem de a ocorrência de orbes, luminosidades e seres de luz também ter aumentado. Será que alguma coisa está acontecendo? As pessoas do mundo todo estão sentindo cada vez mais uma afinidade espiritual com a Terra, e parece uma grande sincronicidade que, apesar de todos os problemas do nosso mundo, milhares de pessoas, de todos os credos e seitas, estejam olhando o futuro com um sentimento de expectativa. Em algum lugar, em algum nível, todos nós sentimos isso às vezes. A mudança está chegando. Alguns veem a mudança como se ela fosse algo imposto de fora, mas espiritualmente toda mudança verdadeira começa dentro de nós. Isso nos é explicado por todas as principais crenças e religiões do mundo. Ama o teu próximo como a ti mesmo. O reino dos céus está dentro de ti! Temos de mudar as nossas percepções antes de poder mudar o mundo. O problema é que nós, seres humanos, vivemos numa realidade dividida: sem unidade. No mundo humano, o homem está apartado de si mesmo e de outros da sua raça; está apartado de outras espécies e também do mundo à sua volta. Esse é o lado negativo da individualização. Mas, no nível subconsciente, somos estimulados a buscar a conectividade, dentro de nós mesmos, com os outros, com outras criaturas e com a Terra. O conceito do círculo, do orbe, o ideal da Unidade está enraizado na nossa psique.

A unificação dos credos, a unidade política, a busca científica por uma teoria unificada, até a nossa atual preocupação com a necessidade de estar conectado o tempo todo pela Internet, por e-mail, pelo celular; todas essas são expressões de uma profunda necessidade espiritual dentro de nós. Precisamos estar conectados, mas também precisamos da nossa individualidade para perceber essa conexão, para senti-la, para afirmá-la e apreciá-la! É nesse nível que as luminosidades e formas luminosas se comunicam com o espírito dentro de nós, com aquilo que é mais do que o corpo que o abriga.

Das maneiras mais variadas possíveis, essas inteligências não humanas falaram conosco ao longo da nossa história. Seus símbolos e formas estão enraizados no inconsciente coletivo da humanidade; a sua mensagem de Unidade ecoa em templos e igrejas; estudadas pelos psicólogos, vistas em círculos nas plantações e iluminadas pelas estrelas. Em algum lugar, em algum nível, todos sabemos que somos parte de algo maior. Hoje, enquanto o mundo à nossa volta se transforma, vozes de todas as crenças nos dizem que não vivemos tempos comuns.

Aqueles com sentidos sintonizados com frequências psíquicas podem sentir alguma coisa no ar! Alguns falam de uma transformação que está prestes a acontecer, uma mudança psíquica na consciência. Serão apenas quimeras? Ou estamos, como Buzz Lightyear, prestes a descobrir que fazemos parte de uma realidade muito maior, uma realidade que nos levará ao infinito e além?

Num sentido muito real, nós estamos.

O nosso planeta gira em torno do Sol a uma velocidade de 107 mil quilômetros por hora, enquanto o grande orbe solar impulsiona o nosso sistema solar ao redor da imensa roda da galáxia, deslocando-se no espaço a aproximadamente 900 mil quilômetros por hora. E mesmo nessa velocidade são necessários 220 milhões de anos para que o Sol faça uma revolução completa na galáxia! A Terra e tudo o que existe nela literalmente nunca fica no mesmo espaço por mais de um segundo ou dois! Estamos continuamente nos deslocando a velocidades incríveis, na companhia de bilhões de outras estrelas e galáxias, por um universo tão vasto que está quase além da compreensão! Portanto, fomos todos capturados por uma realidade maior? Sem dúvida! Mas esse é apenas o universo físico e, por mais gigantesco e assombroso que ele seja, o universo da consciência é imensamente maior!

A consciência, como a energia, se estende, inobservada, através de todos os níveis da existência, dividida em trilhões e trilhões de partes, elas mesmas divididas em bilhões. Uma dessas partes, e existem bilhões e bilhões desse tipo específico, é uma consciência capaz de detectar a mais leve mudança na luz e no som; tem a capacidade de aprender, de processar informações e de comunicar conhecimento; pode medir com precisão a polarização da luz do Sol; é sensível aos campos eletromagnéticos e pode usá-los para se orientar enquanto voa a velocidades incríveis e realiza manobras de uma precisão espantosa. Ela pode fazer tudo isso simultaneamente, sem nunca perder a noção do tempo, com um cérebro não maior do que um grão de areia. Conhecemos essa consciência pelo nome de abelha!

Os cérebros individuais que abrigam a nossa consciência humana são dez milhões de vezes maiores e bilhões de vezes mais complexos. E, contudo, somos apenas uma das espécies da ecosfera de um gigantesco bio-organismo vivo, convivendo com bilhões de seres conscientes visíveis e invisíveis em todos os níveis. Alguns deles são fisicamente tão pequenos que existem bilhões para cada um de nós e outros, em comparação, são tão diferentes de nós em termos de forma e consciência que, por contraste, somos como as formigas do nosso próprio jardim.

As luminosidades e formas luminosas nos ensinaram uma coisa: somos, todos nós, parte de um ambiente muito mais amplo. Como formiguinhas sondando o limiar de imensidões, seres humanos pensantes do mundo todo se perguntam o que somos e para onde vamos – se esse conhecimento afeta o nosso futuro, se, como a lagarta, estamos destinados a ser algo maior, então é melhor que saibamos!

Enquanto estamos preocupados com nossos assuntos comezinhos, o mundo do nosso pequeno jardim está se movendo com as estrelas em seu curso pela vastidão da existência. Talvez agora mesmo esteja passando de uma estação cósmica para outra! Será que nos aproximamos de uma estação de mudança?

Muito longe daqui, os orbes e as luminosidades, que são estrelas distantes, brilham nas profundezas do espaço, revolvendo na imensidão do infinito, muito além da compreensão de Buzz Lightyear ou das formigas do nosso jardim. Aqui, no bio-organismo vivo da Terra, pessoas se arrastam pela crosta travando guerras insignificantes com mentes insignificantes, alheias à imensidão que as rodeia. Enquanto os nossos cientistas examinam em seus microscópios colônias de micróbios, que desconhecem totalmente a nossa existência, em algum lugar do desconhecido, num nível de consciência completamente diferente do nosso, outras inteligências também nos sondam.

Chegamos não ao fim, mas a um novo começo! E antes de continuarmos nossa jornada, temos duas últimas fotografias para mostrar a você.

A primeira, a Foto CP1, não foi tirada por uma câmera digital, mas pela minha antiga SLR Pentax MV1, na primavera de 2004. Para mim, ela captura o encantamento do nosso fenômeno de luzes e orbes. A segunda, a Foto CP7, foi tirada no nosso jardim numa noite, enquanto escrevíamos o nosso livro. Como a maioria das nossas imagens, ela foi tirada com a nossa câmera digital. O que você vê aqui é exatamente o que apareceu na foto. Começando pelos orbes e passando para Seres de Luz, o fenômeno continua.

Da escuridão elas vieram, esferas, luminosidades, formas luminosas, como mensageiros angélicos escrevendo com símbolos de luz! Algo está acontecendo, um mero vislumbre, um relance, um lampejo de luz! Algo diferente, algo desconhecido!

Você não está sozinho! E se estivermos certos, eles estão bem ao seu lado, neste exato momento!

*Existe apenas Um. E esse Um são Muitos.*
*Informes e Formados; Espírito e a Matéria; Luz e Escuridão.*
*Você e Eu. Em Cada Um está o Todo. No Todo está o Um!*

# *Fotografando as luminosidades*

Para aqueles interessados em fotografar luminosidades, eis algumas perguntas e respostas.

P: *Que câmera digital devo usar para fotografar orbes?*
R: Não importa que câmera você use, porém aconselhamos que não use apenas uma. Peça a um amigo para se juntar a você e fotografá-lo com a câmera dele, ou vice-versa. Você também pode comprar outra câmera mais barata para poder comparar as fotos.

P: *Preciso de uma câmera que tenha um zoom digital 20x?*
R: Não! Na verdade, evite usar o zoom digital. Você só precisa de um zoom ótico acima de 3x.

Um bom zoom ótico não degrada a imagem.

Quando tiramos fotografias de luminosidades e formas luminosas, nunca usamos o zoom digital, pois ele tende a degradar muito a imagem.

Fotos tiradas ao ar livre, à noite, variam muito de acordo com as condições de luz.

Se a noite está muito escura, você precisa iluminar bem a imagem para enxergar alguma coisa. Isso muitas vezes pode prejudicar a qualidade da imagem.

Usando o zoom digital você pode degradar, logo de início, a qualidade da imagem.

P: *Por que algumas imagens ficam mais granuladas do que outras?*
R: Isso geralmente depende das condições de luz no momento em que a foto é tirada e do quanto a imagem foi clareada ou melhorada no computador depois.

Quando começamos a fotografar orbes e formas luminosas, não pensamos que iríamos reproduzi-las ou escrever um livro. Tudo o que queríamos inicialmente era clarear ou melhorar a imagem para ver melhor o que havia na foto digital.

Isso muitas vezes resultou em perda de detalhes em algumas das imagens. Na época não salvamos os originais, porém mais tarde percebemos o quanto isso é importante.

P: *Qual é a melhor maneira de otimizar a qualidade da luminosidade ou da forma luminosa?*
R: A melhor maneira é, primeiro, salvar a imagem original, intacta. Depois fazer uma cópia e usar o Adobe Photoshop para clareá-la e/ou melhorá-la. Dependendo da imagem, muitas vezes fazíamos três ou quatro versões comparativas da mesma imagem, iluminando, escurecendo e melhorando a qualidade. Use ferramentas do Photoshop como Máscara de Nitidez, Curvas e Matiz; mas tome cuidado, pois se clarear demais uma imagem você pode eliminar detalhes do tema focado. Depois de cometer alguns erros, aprendemos a encontrar um equilíbrio entre a melhor visibilidade das luminosidades e a qualidade de reprodução da imagem como um todo.

P: *À noite, qual é a melhor hora para fotografar luminosidades?*
R: De acordo com a nossa experiência pessoal, é logo depois de escurecer, quando a noite ainda não caiu totalmente. Essa é a melhor hora para fotografar luminosidades e formas luminosas.

P: *Como posso ter certeza de que estou fotografando luminosidades genuínas e não fenômenos naturais como poeira, pólen ou insetos?*
R: Ficar sempre atento às possíveis causas naturais ajudará você a evitar fenômenos naturais e a reconhecê-los. Por exemplo, como regra geral, não aconselhamos ninguém a tirar fotos na chuva ou quando o tempo está úmido e há neblina, pois é possível que as gotas de água reflitam o flash.

Sugerimos a qualquer candidato a fotografar orbes que opte por condições que minimizem a possibilidade de efeitos atmosféricos.

Qualquer pessoa que tente fotografar luminosidades e formas luminosas deve levar em consideração todas as causas naturais óbvias que causem efeitos estranhos e minimizar a ocorrência desse tipo de efeito optando por horários e lugares onde eles sejam mais improváveis.

P: *Que lugares são mais propícios para fotografar luminosidades?*
R: Como as luminosidades estão em toda parte, você nunca sabe ao certo que lugares são mais propícios, mas alguns deles parecem atraí-las mais do que outros. Como regra geral, no entanto, sugerimos que você volte aos lugares onde já tenha fotografado fenômenos luminosos estranhos e tire fotos frequentemente nesses lugares. As luminosidades verdadeiras responderão às suas visitas e à sua intenção, muitas vezes reconhecendo a sua presença, aumentando a interatividade fotográfica e às vezes se relacionando com você como indivíduo.

P: *Como posso ter certeza de que conseguirei fotografar luminosidades?*
R: Não dá para ter certeza, mas se você conseguiu fotografar uma, certamente conseguirá fotografar outras. No entanto, existe uma maneira de aumentar as suas chances. Se você ou alguém que você conhece vê o fenômeno das luzinhas transientes, então você pode usar as ocorrências desse fenômeno para ajudá-lo a descobrir em que direção deve apontar a câmera. Seja ao ar livre ou em ambientes fechados, à luz do dia ou à noite, há mais chances de você fotografar luminosidades quando vê essas luzinhas transientes.

E se você for suficientemente rápido e persistente, mais cedo ou mais tarde estará fotografando algo que, num certo sentido, será muito mais do que uma mera fotografia!

# Bibliografia e referências

Os autores gostariam de agradecer aos autores e editores das obras de referência usadas na preparação deste livro e recomendá-las, juntamente com os outros livros relacionados abaixo.

**Astronomia:**
*The Intelligent Universe,* de Fred Hoyle. Michael Joseph Ltd.
*A History of Astronomy,* de Anton Pannekoek. George Allen.
*The Cosmic Connection,* de Carl Sagan. Doubleday.

**Ciência e Teoria:**
*The Tao of Physics,* de Fritjof Capra. Fontana/Collins. [*O Tao da Física,* publicado pela Editora Cultrix, SP, 1995.]
*The Faber Book of Science,* organizado por John Carey. Faber and Faber.
*A portrait of Isaac Newton,* de E. Frank Manuel. New Republic Books.
*Betrayers of the Truth,* de William Broad & Nicholas Wade. Century Publishing.

**Consciência e Psicologia:**
*JUNG Selected Writings,* Fontana Original.
*The Practical Use of Dream-Analysis* (1934).
*Synchronicity: An Acausal Connecting Principle* (1952).
*The Language of Symbols,* de David Fontana, Duncan Baird Publishers.
*The Cognitive Unconscious,* de J.F. Kihlstrom Science, nº: 237:1445-1452.
*The Roots of Coincidence,* de Arthur Koestler. Pan Books.
*Dreams and Dreaming,* de Tony Crisp. London House.
*The Psychology of Perception,* de M.D. Vernon. Penguin Books Ltd.

**Terra e Organismos Vivos:**
*Gaia*, de J. Lovelock. Oxford University Press.
*Gaia the Growth of an Idea*, de Lawrence E. Joseph. Penguin.
*Oasis in Space*, de Jacques Cousteau. Angus & Robertson (Reino Unido).
*The Secret Life of Plants*, de Peter Tompkins e Christopher Bird. Penguin.
*The Dolphin Cousin to Man*, de Robert Stenuit. Pelican Books.
*The Magic of the Senses*, de Vitus B. Droscher. Granada Publishing.
*Creationism Revisited*, de Dr. Colin Mitchell. Autumn House Ltd.

**Luz e Energia:**
*The Healing Energies of Light*, de Roger Coghill. Gaia Books.
*The Energy of Life*, de Guy Brown. Harper Collins Publishers.

**Óvnis e Alienígenas:**
*The UFO Encyclopedia*, de Margaret Sachs. Transworld Publishers.
*Uninvited Visitors*, de Ivan T. Sanderson. Neville Spearman Ltd.
*Dimensions*, de Jacques Vallee. Macdonald & Co. Ltd.
*Passport to the Cosmos*, de Dr. John E. Mack. Harper Collins.
*Alien Dawn*, de Colin Wilson. Virgin Publishing Ltd.
*Alien Investigator*, de Tony Dodd. Headline Book Publishing.

**Crenças Antigas:**
*Ancient Myths*, de Rudolf Steiner. Steiner Book Centre, Toronto.
*The Ancient Science of Geomancy*, de N. Pennick. Thames & Hudson. 1979.
*Feng-Shui*, de E.J. Eitel. Synergetic Press edition. 1984.
*Native American Myth & Legend*, de Mike Dixon-Kennedy. Blanford.
*Burning Water*, de Laurette SéJourné. Thames and Hudson.
*Highland Fairy Legends*, de James Macdougall. D. S. Brewer. Ltd.

**Círculos nas Plantações:**
*Crop Circles*, de Carolyn North. Ronin Publishing, Inc.
*Circular Evidence*, de Pat Delgado & Colin Andrews. Guild Publishing London.

## Fenômenos Paranormais e o Sobrenatural:
*The Book of Charles Fort*, de Charles Fort. Henry Holt & Co., 1941.
*Earthlights*, de P. Devereux. Turnstone Press, 1982.
*The Paranormal*, de Stan Gooch Fontana, 1979.
*Elements of Psychophysics, de* Gustav Theodor Fechner. Holt, Rinehart & Winston. Nova York, 1966.
*Ghosts*, organizado por Morven Eldritch Geddes e Grosset.
*Super Natural England*, organizado por Betty Puttick. Countryside Books.
*The Unexplained* (Complete Part Work). Orbis Publishing Ltd.
*How to Read the Aura*, de W. E. Butler. The Aquarian Press. 1979.
*Life After Life*, de Ramond. A. Moody Jr. Bantam.
*The After Death Experience*, de Ian Wilson. Transworld.

## Obras de referência variadas:
*You Get Brighter,* uma canção, de The Incredible String Band.
*Readers Digest Universal Dictionary.*
*An Index of Possibilities*, Clanose Publishers 1974.
*Tree and Leaf*, de J.R.R. Tolkien. George Allen and Unwin.

## Websites:
Site sobre círculos nas plantações de Lucy Pringle:
www.lucypringle.co.uk
UFO Document Index:
www.jya.com/nsa-ufo.htm
Dr. Masaru Emoto:
www.thank-water.net
Nexus Magazine:
www.nexusmagazine.com
orbstudy.com
www.o-books.net
www.lights2beyond.com

**Créditos das ilustrações e figuras**
Os autores detêm os direitos autorais de todas as fotografias deste livro, com exceção dos casos especificados abaixo. Embora tenham sido empreendidos todos os esforços para identificar os proprietários dos direitos autorais de outras ilustrações e figuras usadas neste livro, isso nem sempre foi possível.
Página 72. Xilogravuras Figuras B e C.
Wickiana Collection Zurich Library
Página 85. Bola de Fogo em Basle, 1907, foto de M. Bessy.
Página 165. Figura J. Jesus Cristo nas nuvens, Coreia, década de 1950, Keystone Press.